中青年经济与管理学者文库

教育部哲学社会科学研究后期资助项目（项目编号19JHQ058）

GUANLICENG QUANLI DE QIYE
YINGXIANG XIAOYING YANJIU

管理层权力的企业影响效应研究

杨 帆 著

中国财经出版传媒集团
中国财政经济出版社

图书在版编目（CIP）数据

管理层权力的企业影响效应研究／杨帆著． --北京：中国财政经济出版社，2020.8
（中青年经济与管理学者文库）
ISBN 978-7-5095-9879-5

Ⅰ.①管… Ⅱ.①杨… Ⅲ.①企业－领导人员－权力－影响－企业管理－研究 Ⅳ.①F272

中国版本图书馆 CIP 数据核字（2020）第 111998 号

责任编辑：武志庆　　　　　责任校对：胡永立
封面设计：智点创意

中国财政经济出版社 出版

URL：http://www.cfeph.cn
E-mail：cfeph@cfemg.cn
(版权所有　翻印必究)
社址：北京市海淀区阜成路甲 28 号　邮政编码：100142
营销中心电话：010-88191537
北京财经印刷厂印装　各地新华书店经销
880×1230 毫米　32 开　5.375 印张　122 000 字
2020 年 8 月第 1 版　2020 年 8 月北京第 1 次印刷
定价：25.00 元
ISBN 978-7-5095-9879-5
(图书出现印装问题，本社负责调换)
本社质量投诉电话：010-88190744
打击盗版举报热线：010-88191661　QQ：2242791300

策划人语

题记：一个人的精神成长史，取决于他的阅读史。只有阅读能最有效地培养精神生活习惯，而好的习惯又培养性格，性格决定人生。
——我们自豪，因为我们就是创造这精神产品的人。

选择了飞翔，总能看到蓝天；选择了远航，总能感受大海。人生不仅要作出选择，也要坚持住自己的选择。学会计、当编辑是我的意外选择。人说编辑是为人做嫁衣，可是这一选择我坚持了27年，苦在其中，乐在其中，也算是有声有色。每当我把一本本好书呈献给人们的时候，我觉得我是"富贵"的人：富，不是你身上的钱财，而是你心里的满足；贵，不是你地位的显赫，而是你被人需要的程度。

书海探寻，情怀永恒

我要说，做编辑我幸运，因为我不仅是第一个读者，可以对作品"品头论足"，也可以对作品"生杀予夺"；更重要的是，这是一个很高层次的平台，在多年与名家的交往和名著的"对话"中，深深地为他们的人格和才学所感动，被作品的精彩所吸引，这不仅使我"下笔如有神"，更使我的思想和灵魂也受到一次次洗礼和震撼，得到一次次升华。对于我的作者我的书，如数家珍，作者中不乏才学为人同样过人的多位泰斗和"颜值高责任大"的众多才子佳人；策划的作品不仅立足专业还兼顾人文，也是情怀所在，专业加人文路才会更宽。

多年的体会是，作为一名编辑，起码要"三心二意"，即"责任心、细心、耐心"和"服务意识、创新意识"。要多策划一些有分量的拳头产品，用一个选题推动一个系统工程，用一个系统工程培养一个出版社品牌。给新入职编辑讲座时我做过一个比喻：编辑两项基本功，审稿——甚至要比博导审批学生论文还要全面、细致；选题策划——要像电影导演一样做"星探"，善于发现优秀作者和挖掘好的原创作品。记不得27年来我策划和编辑了多少书，组织和策划了一大批教材、业务培训用书、通俗读物、理论专著等，有的获得过国家、省部级各类奖项，有的以其填补空白、社会热点、风格新颖、开拓尝试等特点受到读者的欢迎。20世纪90年代我开始自主策划选题，多年来每年都有新丛书问世。比如，21世纪初内部控制研究在国内刚兴起时，策划了《现代内部控制丛书》，其中《企业内部控制管理操作手册》是我鼓励作者将自己饱含心血的经过长期钻研和实践并证明卓有成效的成果奉献付梓，使得更多的人能受益于此，这无疑是对我国内部控制理论探索和实践发展的一种贡献，内部控制选题至今还是热点。2013年的《来去无尘——一位财政部长的生前事》所展现的吴波精神，与深入推进党风廉政建设相得益彰，得到中央领导同志的高度重视和重要批示。中央各大主流媒体纷纷连续报道，掀起了全社会学习吴波高尚情操的热潮。2014年至今的前沿选题《财务云丛书》等也越来越受到业界认可。

想是问题，做是答案

众所周知，目前的图书出版业在行业竞争和纸质图书受到严重冲击的情况下，出版人无不感到莫大的危机。在这种背景下，策划一套专业图书是颇感困惑的一件事，风险更大。但即使这样我们也不能因噎废食、停滞不前，还要积极应对，继续发挥纸质图书的固有特质，挖掘出版内容和形式都精彩的原创作品，适应新形势下读者的更高需求。2017年，我们接受新的挑战，开启新的征程，又策划《中青年经济与管理学者文库》《当代税收名家丛书》《中国税务律师系列丛书》《现代管理实务丛书》《高等院校应用型会计人才精细化培养系列教材》等，继续为扶持学术研究和总结最新成果，在高端研究与专业知识普及和应用之间搭建一座座有益的桥梁。

每一个时代的经济环境不同，理论研究和实务探索所需要解决的问题也有所差别。当前我国不仅处于经济结构调整和供给侧改革的攻坚期，同时也处于大数据和互联网突飞猛进的变革期，矛盾叠加，风险交汇，市场环境和组织模式不断演变发展、推陈出新，经济、管理、财税等领域的新理论、新思想、新方法、新工具也层出不穷。乱花渐欲迷人眼，击水三千浪几何？这些领域的研究人员被时代赋予了更艰巨的责任，也面临着更高、更多元的要求，我们不仅要具备更广阔的学术视野，而且要有更严谨的学术思维。

输在犹豫，赢在行动

《中青年经济与管理学者文库》的作者，都是我国经济与管理领域的中坚力量,也是未来的大家。他们中有些人潜心从事理论研究,有些人则深耕在实务一线,但无论现实身份如何,视野全都没有被拘泥在"象牙塔"内。他们从不同视角对市场经济的不同要素进行细致审视,然后汇聚于"财经版"这面旗帜之下,相互碰撞,彼此激荡,力求在市场经济转型升级的关键时期留下最新鲜的"中国印记"。

这些经济与管理领域的中青年学者,就是我国市场经济发展的潜力与优势,他们的研究成果,不仅将引领市场经济的各个组成环节向更科学、更先进的方向发展,而且将成为我国政府和企业在未来经济世界扮演更重要角色的支点与动力。祝愿这些中青年学者能攀上更高的学术之山,走向更远的研究之路,也期待宏观、中观、微观各个层面的市场参与者都能从这套文库中得到切实的启发与指引,在全面深化改革、增强发展活力的关键时期,发挥正能量和积极作用,为经济社会发展增添新的动力!

如果您认可,如果您有意愿,欢迎您和您的朋友加盟我们的作者队伍!在中国财经出版传媒集团的"旗舰"下,中国财政经济出版社这"老字号",一定励精图治,谱写新的篇章。我们用"龙的精神,玉的品质"来助力您实现梦想!

策划人:樊清玉

邮箱:qingyuf@sina.com

2017 年春

前 言

  自从股份有限公司诞生以来,两权分离的问题就备受关注,两权分离具体是指公司的经营权和所有权在不同的人手中。贝利和米恩斯在1932年统计了美国200家大公司的情况,并对它们进行了整理分析,发现绝大多数的高管并不持有所在公司的股权。从这一实证研究结果可以看出:两权分离已是公司发展的大势所趋,绝大多数公司经营权实际上不再由其所有人控制,而是由职业经理人掌管。因此,中外学者都对如何平衡好经营者与所有者之间的利益矛盾进行了不同方面的研究。Jensen and Meckling (1976) 提出了经典的代理理论,该理论说明了管理者与股东之间为追求各自的利益而拥有不同的目标,股东只是在名义上持有公司,并不能参与实际上的经营管理和政策的制订。这种控制权已经通过契约的签订转移给了职业经理人，职业经理人作为管理层被赋予了很大的权力，即使不拥有股份或只拥有很少的股份，也能对公司施加很大的影响，甚至影响公司存亡。基于管理层理性经济人的假设，两权分离现象赋予了企业管理者更多的权力和自由，管理者们在制定决策时，很可能会更偏向于对其最有利的方案，这样就发生了权力的寻租行为，侵害了股东的利益。而这些管理阶层会在哪些方面影响着企业的行为，又具体会对企业的行为产生何种效应呢？

内部控制是指企业为保证企业有效利用内外部资源，有秩序地组织其生产经营，保证会计信息的真实可靠而制定的一套系统的、规范的控制措施和程序。内部控制作为企业重要的治理机制，对企业的各项生产经营活动产生重要影响。良好的内部控制能够有效地解决两权分离带来的问题，帮助企业更好地发展。如今，实施内部控制已经成为企业控制经营者行为，保护股东权益的重要手段及措施。Steven Balsam（2014）研究发现，管理层既制订与公司内部控制有关的公司条例与管理办法，也参与它们的执行。因此，适当的激励制度有利于提高管理层优化内部控制结构的积极性，完善企业内部控制的缺陷，对企业内部治理产生积极的效应。许多企业发生的舞弊与违反法规行为，与内部控制的设计缺陷或内部控制的执行不力有直接关联。拥有权力的管理层在设计和执行内部控制制度的过程中，起到了何种作用？管理层权力究竟是增强了还是削弱了内部控制的有效性？

在我国，外部信息使用者得到的信息与企业内部人员获得的信息，在广度和深度上，都是有很大的差异的。外部信息使用者一般包括：债权人、潜在投资者、银行等金融机构，税务机关以及其他的监管机构或利益相关者。对于这些人来说，绝大多数的信息是通过企业对外披露的会计报表来获取的。企业的生产经营管理过程中，会计信息披露的内容范围和程度主要是由管理者所决定的。由于信息不对称与代理冲突，极易滋生管理层的机会主义行为。管理层通过操纵企业的相关信息披露的范围和时间来为其牟利，寻求自身利益的最大化。基于此的理论分析，管理者是否会利用已有的权力，对信息的披露施加一定的压力，实施一定的控制，从而影响企业的会计信息透明度呢？

企业想在越来越激烈的市场竞争中取胜，不仅需要考虑公司短期上的经营能力，更要关注企业长远的发展能力。公司成长性这一概念能综合反映上述的两种能力，因此成为判定企业成长潜力的重要指标。赋予管理层一定的权力是否有利于企业成长性的提升？企业赋予管理者的权力需要有所平衡。权力赋予得不够，管理者难以发号施令，公司无法得到有效的管理。而管理者拥有过高的权力，容易造成管理者以权谋私，去追求自身的利益，而忽略了公司的发展和股东的利益。管理层权力对公司成长性的影响究竟是促进还是抑制，值得进一步研究。

综上，本书拟考察企业管理层权力的企业影响效应，分别从对内的内部治理，对外的信息披露以及企业成长战略目标三个维度进行分析，探讨在企业内部管理层权力对企业内部管理的相关政策、规章制度的制定的影响，对企业对外履行信息披露责任的影响，以及对企业自身发展的影响。从内由外，研究管理层权力对于现代企业的作用与意义，以期获得一些有价值的建议。

1. 理论意义

（1）丰富了管理层权力的相关研究内容。管理层作为企业日常经营活动的实际控制人，对企业的内部治理水平，对外信息披露职责的履行以及企业成长战略目标的影响较大，本书以管理层权力—内部控制质量—会计信息透明度—企业成长性的影响路径来研究管理层权力的作用链条，来探究管理层权力会对企业产生怎样的影响，并对相关问题从理论到实际数据的分析研究，开拓了管理层权力的研究范围和思路。

（2）内部控制的质量受到多种因素的影响，例如企业的管理风格、企业文化、管理的模式，管理层的个人特质，等等，这些因素都可能影响着企业内部控制的设计与实施。良好的内部控制对于企业来说至关重要，它能帮助企业规范有序地运营，避免企业员产生机会主义的利己心理。管理层对内部控制会施加很大的影响，因为管理层既参与内部控制的设计，又参与内部控制的实施。所有者赋予管理层的权力是否会影响企业内部治理，对此问题，前人研究较少，因此本书对此进行了深入的研究，为现代管家理论提供了证据支持。

（3）从管理层视角探讨影响企业会计信息透明度的原因，在明确定义了管理层权力的内涵后，探索了管理层权力对会计信息透明度的影响路径以及影响程度，丰富了对会计信息透明度的研究内容。本书探讨了内部控制在管理层权力影响会计信息透明度过程中所扮演的角色，为推动企业构建内部控制机制、不断规范和完善公司治理结构，并为提高会计信息质量提供了参考。

（4）对公司成长性影响因素的研究进行补充。上市公司作为资本市场重要的一部分，互相之间的竞争非常激烈，投资者不仅仅关注公司的短期营利能力，而是对上市公司潜在的成长能力给予更多的关注，以往的学者大多集中对公司治理、资本结构、管理层人口学特征（年龄、教育背景）等方面的影响因素进行了研究，从目前已有的文献来看，很少有学者研究不同的管理层权力对公司成长性的影响，本书通过研究管理层权力，对影响企业成长性的因素进行了扩展和补充。

2. 实践意义

(1) 研究管理层权力、内部控制、信息披露与企业成长性的关系,从管理层的权力赋予的角度为企业内部治理的完善以及企业成长战略目标的实现提供了证据支持。本书分析和理解了企业管理层行使权力所带来的企业的影响,并为相关领域的研究提供新的视角和经验证据。对于企业所有者而言,应关注对其管理层的权力配置,通过建立合理适度的权力约束机制,减轻委托代理过程中的机会主义,促进两者间的目标一致性,以实现企业的价值,达到两者的共赢。

(2) 进一步分析明确了管理层权力对企业内部控制质量的影响,以及在不同股权集中度和股权性质下管理层权力对其影响的程度不同,能够帮助国有企业探究所有者缺位所带来的特有的企业内部治理问题,有利于约束和规范管理层权力,为不同类型的企业指明了内部治理的重点,从而帮助其有针对性地完善治理结构,平衡各方权力和责任。

(3) 研究管理层权力、内部控制质量与会计信息透明度的关系,对于如何合理地配置企业生产运营过程中管理层的权力以及企业治理结构的完善具有一定的参考价值,同时对于内控制度的构建和执行,提高企业会计信息透明度,维持健康有序的市场秩序,也都具有相应的现实指导意义。

(4) 研究管理层权力,促使管理层在企业中施展专业所长,最大限度地发挥其专业效能,提升企业在市场中的竞争力。寻找赋予管理层的权力与管理层发挥的作用的规律性,探究赋予管理层多大的权力,能使管理层的效能达到顶峰。管理层作为企业内部非常重要的人力资源,研究科学地授予管理层权力的方法和程度能最具效率地发挥管理层的作用,有利于企业的成长。另外,结合企业不同生命周期展开研究,根据企业所处的发展环境和要求加以研究管理层的权力赋予,有利于给企业管理、内部治理及人员激励提供依据和指导。

本书通过研究管理层权力对企业的影响效应,从企业内部治理的影响效应、企业信息透明度以及企业战略成长性来分析管理层权力的作用,对企业的影响。由内到外,由表及里,通过本书研究,可能存在如下方面的创新点:

(1) 对于管理层权力对于企业内部控制的影响,目前直接基于两者的关系的研究比较少,很多都是将管理层权力或者内部控制质量作为调节变量来探讨其他经济现象,并且对两者的研究结果也存在观点不一致的问题。本书发现管理层权力过大对企业内部治理产生负面效应,将内部控制作为企业内部治理水平的代理变量,分析了管理层权力与内部控制质量的直接关系,拓展了管理层权力直接研究的领域。

(2) 企业对外有会计信息披露职责,然而作为企业实际控制人的管理层可以通过其权力影响企业的会计信息披露。虽然已经有学者开始涉猎该领域的研究,也有部分学者将机构投资者引入其两者之间探讨管理层权力及会计信息透明度的关系,但作为企业对外的行为必定受到企业内部治理的影响,本书构建了管理层权力对内影响企业的内部治理结构,从而影响对外的信息披露的研究逻辑路线。

(3) 以往的研究侧重于管理层权力对企业营利能力及绩效的研究,本书侧重于关注企业的成长性目标,并结合机构投资者因素,验证机构投资者是否能有效地施展其外部治理功能,促进管理者权力的积极影响。并且充分考虑了企业的生命周期和所在行业竞争强度,进一步分析管理层权力对公司成长性目标的影响,对管理层权力的作用有更深层次的认知。

本书是对我们研究团队最近几年学术研究的整理和汇集,也是一个阶段的必要总结和汇报。本书在编写过程中参阅和借鉴了大量的相关论文与文献资料,在此谨向这些论文和文献的作者表示最诚挚的谢意。在本书的编写过程中吴雪、宁日、郑逢爽、邹霄翰、黄嘉瑜、刘明朗、黎天德、娄银磊等硕士为本书的出版付出了辛勤的劳动,在与他们进行学术讨论、学术研究和交流的过程中,我都受益良多。由于本人的水平和经验有限,本书难免存在一些不足之处,恳请读者予以批评指正。

第1章 绪论 …………………………………………（ 1 ）
  1.1 选题背景与研究意义 ……………………………（ 1 ）
  1.2 管理层权力的解读与释义 ………………………（ 6 ）
  1.3 研究内容和研究框架 ……………………………（ 10 ）
  1.4 研究方法 …………………………………………（ 14 ）
  1.5 本章小结 …………………………………………（ 15 ）

第2章 相关理论与文献基础 ………………………（ 16 ）
  2.1 相关理论基础 ……………………………………（ 16 ）
  2.2 相关文献综述 ……………………………………（ 24 ）
  2.3 本章小结 …………………………………………（ 32 ）

第3章 管理层权力的作用机理及测度 ……………（ 33 ）
  3.1 管理层权力的作用机理分析 ……………………（ 33 ）

3.2 管理层权力的测度 …………………………………………（44）
3.3 本章小结 ……………………………………………………（49）

第4章 管理层权力对公司治理的影响 …………………（51）
4.1 文献回顾及研究假设 ………………………………………（52）
4.2 研究设计 ……………………………………………………（54）
4.3 实证结果与分析 ……………………………………………（58）
4.4 进一步分析 …………………………………………………（65）
4.5 稳健性检验 …………………………………………………（69）
4.6 本章小结 ……………………………………………………（71）

第5章 管理层权力对企业信息透明度的影响 …………（73）
5.1 文献回顾及研究假设 ………………………………………（75）
5.2 研究设计 ……………………………………………………（78）
5.3 实证结果与分析 ……………………………………………（84）
5.4 进一步分析 …………………………………………………（93）
5.5 稳健性检验 …………………………………………………（98）
5.6 本章小结 ……………………………………………………（100）

第6章 管理层权力对企业成长性的影响 ………………（101）
6.1 文献回顾与研究假设 ………………………………………（103）
6.2 研究设计 ……………………………………………………（106）
6.3 实证结果与分析 ……………………………………………（109）
6.4 进一步分析 …………………………………………………（117）
6.5 稳健性检验 …………………………………………………（123）
6.6 本章小结 ……………………………………………………（124）

第 7 章 研究结论与展望 …………………………… (125)
7.1 研究结论 …………………………………… (125)
7.2 政策建议 …………………………………… (128)
7.3 本书研究的创新点 ………………………… (130)
7.4 研究的局限性与后续展望 ………………… (131)

参考文献 ………………………………………… (133)

第1章 绪 论

1.1 选题背景与研究意义

自从股份有限公司诞生以来,两权分离的问题就备受关注,两权分离具体是指公司的经营权和所有权相分离。贝利和米恩斯在1932年统计了美国200家大公司的情况,并对它们进行了整理分析,发现绝大多数的高管并不持有所在公司的股权。从这一实证研究结果可以看出:两权分离已是公司发展的大势所趋,绝大多数公司实际上不再由其所有人控制,而是由职业经理人掌管着公司的实际经营权。因此,中外学者都对如何平衡好经营者与所有者之间的利益矛盾进行了不同方面的研究。Jensen and Meckling(1976)提出了经典的代理理论,该理论说明了管理者与股东之间为追求各自的利益而拥有不同的目标,股东只是在名义上持有公司,并不能参与实际上的经营管理和政策的制订。这种控制权已经通过契约的签订转移给了职业经理人,职业经理人作为管理层被赋予了很大的权力,即使不拥有股份或只拥有很少的股份,也能对公司施加很大的影响,甚至影响公司存亡。基于管理层理性经济人的假设,两权分离现象赋予了企业管理者更多的权力和自由,管理者们在制定决策时,很可能会更偏向于对其最有利的方案,这样就发生了权力的寻租行为,侵害了股东的利益。而这些管理阶层会在哪些方面影响着企业的行为,又具体会对企业的行为产生何种效应呢?

内部控制是指企业为保证企业有效利用内外部资源,有秩序地组织其生产经营,保证会计信息的真实可靠,而制订的一套系统的、规范的控制措施和程序。内部控制作为企业重要的治理机制,对企业的各项生产经营活动产生重要影响。良好的内部控制能够有效地解决两权分离带来的问题,帮助企业更好地发展。如今,实施内部控制已经成为企业控制经营者行为,保护股东权益的重要手段及措施。Steven Balsam(2014)研究发现,管理层既制订与公司内部控制有关的公司条例与管理办法,也参与它们的执行。因此,适当的激励制度有利于提高管理层优化内部控制结构的积极性,完善公司内部控制的缺陷,对企业内部治理产生积极的效应。许多企业发生的舞弊与违反法规行为,与内部控制的设计缺陷或内部控制的执行不力有直接关联。拥有权力的管理层在设计和执行内部控制制度的过程中,起到了何种作用?管理层权力究竟是增强了还是削弱了内部控制的有效性?

在我国,外部信息使用者得到的信息与企业内部人员获得的信息,在广度和深度上,都是有很大的差异的。外部信息使用者一般包括:债权人,潜在投资者,银行等金融机构,税务机关以及其他的监管机构或利益相关者。对于这些人来说,绝大多数的信息是通过企业对外披露的会计报表来获取的。企业的生产经营管理过程中,会计信息披露的内容范围和程度主要是由管理者所决定的。由于信息不对称与代理冲突,极易滋生管理层的机会主义行为。管理层通过操纵企业的相关信息披露的范围和时间来为其牟利,寻求自身利益的最大化。基于此的理论分析,管理者是否会利用已有的权力,对信息的披露施加一定的压力,实施一定的控制,从而影响企业的会计信息透明度呢?

企业想在越来越激烈的市场竞争中取胜,不仅需要考虑公司短期上的经营能力,更要关注企业长远的发展能力。公司成长性这一概念能综合反映上述的两种能力,因此成为判定企业成长潜力的重要指标。赋予管理层一定的权力是否有利于企业成长性的提升?企业赋予管理者的权力需要有所平衡。权力赋予得不够,管理者难以发号施令,公司无法得到有效的管理。而管理者拥有过高的权力,容易造成管理者以权谋私,去追求自身的利益,而忽略了公司的发展和股东的利益。管理层权力对公司成长性的影响究竟是促进还是抑制,值得进一步研究。

综上,本书拟考察企业管理层权力的企业影响效应,分别从对内的内部治理,对外的信息披露以及企业成长战略目标三个维度进行分析,探讨在企业内部管理层权力对企业内部管理的相关政策、规章制度的制定的影响,对企业对外履行信息披露责任的影响,以及对企业自身发展的影响。本书从内由外,研究管理层权力对于现代企业的作用与意义,以期提出一些有价值的建议。

1.1.1 理论意义

(1)丰富了管理层权力的相关研究内容。管理层作为企业日常经营活动的实际控制人,对企业的内部治理水平,对外信息披露职责的履行以及企业成长战略目标的影响较大,本书以管理层权力—内部控制质量—会计信息透明度—企业成长性的影响路径来研究管理层权力的作用链条,探究了管理层权力对企业所产生的影响,并对相关问题从理论到实际数据的分析研究,开拓了管理层权力的研究范围和思路。

(2) 内部控制的质量受到多种因素的影响,例如企业的管理风格,企业文化,管理的模式,管理层的个人特质,等等,这些因素都可能影响着企业内部控制的设计与实施。良好的内部控制对于企业来说至关重要,它能帮助企业规范有序地运营,避免企业员工产生机会主义的利己心理。管理层对内部控制会施加很大的影响,因为管理层既参与内部控制的设计,又参与内部控制的实施。所有者赋予管理层的权力是否会影响企业内部治理,对此问题,前人研究较少,因此本书对此进行了深入的研究,为现代管家理论提供了证据支持。

(3) 从管理层视角探讨影响企业会计信息透明度的原因,在明确定义了管理层权力的内涵后,探索了管理层权力对会计信息透明度的影响路径以及影响程度,丰富了对会计信息透明度的研究内容。本书探讨了内部控制在管理层权力影响会计信息透明度过程中所扮演的角色,为推动企业构建内部控制机制、不断规范和完善公司治理结构,并为提高会计信息质量提供了参考。

(4) 对公司成长性影响因素的研究进行补充。上市公司作为资本市场重要的一部分,互相之间的竞争非常激烈,投资者不仅仅关注公司的短期营利能力,而是对上市公司潜在的成长能力给予更多的关注,以往的学者大多集中对公司治理、资本结构、管理层人口学特征(年龄、教育背景)等方面的影响因素进行了研究,从目前已有的文献来看,很少有学者研究不同的管理层权力对公司成长性的影响,本书通过研究管理层权力,对影响企业成长性的因素进行了扩展和补充。

1.1.2 实践意义

（1）研究管理层权力、内部控制、信息披露与企业成长性的关系，从管理层的权力赋予的角度为企业内部治理的完善以及企业成长战略目标的实现提供了证据支持。本书分析和理解了企业管理层行使权力所带来的企业的影响，并为相关领域的研究提供新的视角和经验证据。对于企业所有者而言，应关注对其管理层的权力配置，通过建立合理适度的权力约束机制，减轻委托代理过程中的机会主义，促进两者间的目标一致性，以实现企业的价值，达到两者的共赢。

（2）进一步分析明确了管理层权力对企业内部控制质量的影响，以及在不同股权集中度和股权性质下管理层权力对其影响的程度不同，能够帮助国有企业探究所有者缺位所带来的特有的企业内部治理问题，有利于约束和规范管理层权力，为不同类型的企业指明了内部治理的重点，从而帮助其有针对性地完善治理结构，平衡各方权力和责任。

（3）研究管理层权力、内部控制质量与会计信息透明度的关系，对于如何合理地配置企业生产运营过程中管理层的权力以及企业治理结构的完善具有一定的参考价值，同时对于内控制度的构建和执行，提高企业会计信息透明度，维持健康有序的市场秩序，也都具有相应的现实指导意义。

（4）研究管理层权力，促使管理层在企业中施展专业所长，最大限度地发挥其专业效能，提升企业在市场中的竞争力。寻找赋予管理层的权力与管理层发挥的作用的规律性，探究赋予管理层多大的权力，能使管理层的效能达到顶峰。管理层作为企业内部非常重要的人力资源，研究科学地授予管理层权力的方法和程度能最具效率地发挥管理层的作用，有利于企业的成长。另外，结合企业不同生命周期展开研究，根据企业所处的发展环境和要求加以研究管理层的权力赋予，有利于给企业管理、内部治理及人员激励提供依据和指导。

1.2 管理层权力的解读与释义

1.2.1 经理自主权

随着企业管理理论的不断发展，有关职业经理人阶层的研究也进一步完善，职业经理人阶层逐渐成为西方社会中的重要一级。经理自主权（Managerial Discretion，也称自由裁量权）是经理人的实际企业控制权。20世纪50年代以来，研究学者们开始针对经理自主权进行了一系列研究，March和Simon（1958）、Williamson（1963，1964）、Thompson（1967）与Morris（1967）等人主要分析了企业经理人作为理性经济人追求其自身利益最大化的动机及自我合理性。随着现代企业理论的发展和完善，经理自主权的相关理论在经济学和管理学的理论框架下做出了不同的诠释，使经理人权力的含义和范围得到了大大的拓展。

（1）基于经济学相关理论视角的诠释。伴随着理论研究的发展，经济学中的代理理论、契约理论以及经理人理论对经理人自主权进行了阐释和说明。Jensen和Meckling（1976）认为经理自主权为经理人对企业经营管理提供了一定的自由，如：如何利用资源、如何制订决策等。而这些都需要经理人及时做出专业的判断。这种自主权也可以为经理人谋取一定的私利。Willianmson（1963）和Jensen和Meckling（1976）认为经理人自主权对实现股东的利益未必是有利的，反而给了经理人为了自身利益滥用企业资源的机会。两权分离造成股东与管理层之间信息的不对称，管理者参与企业日常经营，与股东相比，他们必然会拥有更多的信息，这会导致道德风险的产生，出现投机心理和逆向选择。

企业契约理论认为企业是契约的产物，是契约将股东和管理者联系在一起，职业经理人作为管理层既享受契约带来的自主权，也受到契约的约束。其中，经理的自主权包含法定权力、契约权力和非契约影响力，其大小取决于各主体之间的博弈。经理自主权过大或过小都会产生不利后果，当经理自主权过小时，将限制经理资产的专用性；当经理自主权过大时则可能产生内部人控制问题。企业需要运用合理的监督机制和适当的激励机制来设定和控制经理自主权的大小。

（2）基于管理学理论视角的诠释。管理学领域中，Hambrick & Finkelstein（1987）在阐述战略管理的相关理论时提出，在进行战略选择过程中，经理自主权是指经理人在与顾客、债权人、供应商等其他利益相关者进行谈判博弈时拥有自主做决定的权力，这赋予了经理一定程度上的自由性，需要他们利用自己的职业技能进行判断和抉择。这种自主权受到很多因素的影响，如：经理个人特质，企业内部组织结构，企业外部环境的压力。战略选择理论和组织生态理论都解释了经理自主权对企业绩效的影响，这两个理论的区别是：战略管理理论适用于管理层被赋予了较高的自主权的情况，在这种情况下，经理会通过做决策来影响企业的经营过程，进而影响企业业绩。而组织生态理论更适用于管理层拥有较低自主权的环境，Finkelstein & Boyd（1998）的研究有效验证了该理论的三大影响因素，并有效测量了经理的自主权，建立了经理自主权的基本分析框架。但该研究主要从行业层面出发，没有具体到内部组织架构来探讨经理自主权的更深层次的内涵。

Finkestein（1992）构造出权力四因素模型，即所有权权力、结构权力、专家权力和声望权力，之后的相关研究大都利用了这个模型探索经理自主权与企业绩效的关系（Mulr & Yun, 1997；Finkelstain & Boyd, 1998；Grabke - Rundell & Gomes - Meia, 2002）。Finkelstein（1992）认为经理自主权在公司战略决策制定中起着至关重要的作用并认为"power"是个体满足其愿望的能力。Child（1972）等学者认为通过研究经理自主权可以预测高管将做出怎样的战略选择。对高管权力的测量以及其风险偏好和行为偏好的有效测度可以使对高管战略选择的预测变得更加准确。

1.2.2 管理层权力

权力是指个体能实施其愿望的能力。管理层权力（Management Power）首次由 Bebchuk（2002）提出，并将其在管理层薪酬中展开研究。Bebchu 等（2004）研究了各大公司 CEO 薪酬异常升高的现象，他们发现这一现象与当时比较流行的最优薪酬契约理论相悖。通过对这一现象的研究，他们提出了管理层权力理论，该理论提出管理层权力的大小会影响对管理层薪酬的制定。当管理层权力足够大时，管理层拥有足够的动机和能力操控自己薪酬制度的设定，制定对自身薪酬最有利的薪酬制度。管理层的权力来自于日常管理所涉及的工作属性，其核心表现在权力的归属，职责的划分以及激励问题上。一般认为，管理层权力理论来自于最初的管家理论（Stewardship）[①] 与经理自主权。管家理论

---

① 20世纪90年代以来，现代管家理论（Stewardship Theory）得到迅速发展，它从代理理论的对立角度揭示了经理人和委托人之间存在的另一种关系，为解决公司治理问题提供了新的思路。

认为，经理人员会将公司视为自己的财产，他们会努力地尽职尽责地完成其工作，令企业取得让股东满意的业绩。由此，股东可以放心地将公司交给经理去执掌日常经营权力，而不会过分担心其可能产生的代理成本及败德行为。

很多文献对于管理层权力与经理人自主权两个概念界定不清，相互混淆。管理层权力可以从以下几点进行诠释：①管理层权力使管理层有权提高自己的薪酬，改善自己的工作环境（Rabe，1962）；②管理层权力使管理者有权为公司经营做出决策，影响公司的治理。（Finkelstein，1992；卢锐，2008）；③管理层权力使管理层有权在经营公司的过程中追求自身的目标（Fanlenbich，2009；权小峰，2010；林芳，2012）。综合上述分析，本书认为管理层权力是管理层从外部获得的，能够影响企业经营并执行自身意愿的综合性能力。管理层利用其权力会影响到企业的战略决策、经营活动、信息披露等的反应速度和执行效率，从而对公司的营利能力和成长潜力产生影响。

管理层的权力源于以下途径[①]：①组织权力。公司治理框架和组织方式赋予管理层适当的权力，公司采用的组织方式不同，管理层所获得的权力也不同，通常集权型组织结构会赋予管理层更多的权力。②专家权力。管理者通过自己在某些领域的特长或者良好的名声来影响他人，使别人甘愿听从于自己。这种权力通常是隐形的。③所有权权力。因持有股份而获取的控制权。因此学者们对管理层权力的衡量通常从这三方面考虑。本书在借鉴前人的基础上，也从这三方面选取 6 个指标衡量管理层权力，具体衡量方法在后文详细阐述。

---

① 借鉴 Finkeistein（1992）和权小峰（2010）对管理层权力的衡量分类结果。

1.3 研究内容和研究框架

1.3.1 研究内容

两权分离是现代企业普遍存在的现象,企业的所有者未必具有管理能力,他们需要寻求职业经理人的帮助,借助职业经理人丰富的经验和杰出的专业能力来帮助自己管理好企业。职业经理人被赋予一定的权力后,充分发挥自己的专业技能,促进企业的发展。但在委托代理的理论下,管理层拥有较大权力的同时,可能会产生机会主义、利己行为,导致其滥用企业资源,使企业内部控制失灵,影响企业对外的信息披露,从而不利于企业成长。本书借鉴理性经济人假设、信息不对称理论、管理者权力理论、不完全契约理论以及公司治理理论、企业成长理论,通过对管理层权力对企业内部控制质量、会计信息透明度以及企业成长的影响效用进行深入分析和研究,对他们之间的相关关系和影响进行探究,进一步开拓了管理层权力的经济后果研究。

具体来说,本书主要研究以下几方面的内容:

(1) 深入解读和分析了管理层权力的含义,对其涉及的内涵文献进行了梳理,将经理人权力到管理层权力的演变过程进行了诠释。管理层权力是指企业所有者交给管理层的权力。这些权力赋予了管理者一定的自由性,管理层能根据自身的专业判断做出决策来管理公司的运营。这种能力所产生的影响的辐射面是很广的,比如:企业的经营活动的运行,企业战略的制订,企业短期的获利能力和长期发展的潜力等。

（2）理论分析了管理层权力对企业的影响效应。具体从企业内部治理的影响效应、企业信息透明度以及企业战略成长性来分析管理层权力的作用和对企业的影响。在对内部治理的影响效应的诸多因素中，本书主要关注管理层权力对企业内部控制的影响，具体包括研究管理层权力如何影响内部控制的制订和执行，从而最终影响内部控制的质量；管理层权力也会对企业信息透明度产生影响，分析了其中的原因及结果，并利用博弈论的方法分析其对会计信息披露的影响机理；在上市公司两权分离的经济背景下，管理层作为公司的主要经营者，对公司的成长有着举足轻重的作用。

（3）实证分析了管理层权力对企业的影响效应。根据数据分析的结果，本书得到其结论：管理层权力会对企业内部控制质量水平产生负向影响效应；管理层权力也会抑制企业对外信息披露的水平，从而影响会计信息透明度；管理层权力对企业成长性有一定的正向影响效应，对于处在不同生命周期的企业，其效用也会有所不同。

1.3.2 研究框架

本书以管理层权力为切入点，研究内容从以下 7 章展开：

第 1 章为绪论，阐述论文的研究背景、研究的理论意义和实践意义，概括本书的研究内容，梳理整体研究架构，并对管理层权力进行了深入解读，分析了经理人权力到管理层权力的演化过程，同时揭示论文的主要研究目标和采用的研究方法。

第 2 章回顾相关研究的理论渊源，从理性经济人假设、管理层权力理论、信息不对称理论到公司治理理论、不完全契约理论，再到企业成长理论，对管理层权力对企业的影响效应进行了理论分析，并汇总整理了管理层权力对三个方面的影响的文献，这三个方面分别是：薪酬、企业行为以及企业发展。全方位地理清了管理层权力的相关研究，为本书提供相关的文献参考和理论借鉴。

第3章探讨了管理层权力对企业内部治理（主要反映在内部控制的质量上）、信息透明度以及成长性影响的作用机理，并在这部分对管理层权力进行了量化分析，为后面章节的实证分析奠定了基础。

第4章实证分析了管理层权力对企业内部治理的影响。赋予管理层的权力越大，管理层可能利用自身权力去干涉内部管理，导致企业内部控制的质量也越低，即两者呈负相关。在"权力超越说"的论点下，基于目前企业内部治理机制比较薄弱的背景，管理层通过自身的实际控制权来影响内部控制制度的设计和执行，从而削弱内部控制的企业治理效应，在不同产权制度、股权集中度的企业中这种负向效应有所区别。

第5章实证分析了管理层权力对企业对外信息披露职责的影响及作用。通过实证分析检验，证实了相关假设。当管理层被赋予的权力越大时，所在企业会计信息透明度就越低，并且论证了内部控制在两者之间的调节作用。同样在不同产权性质和股权集中度的企业中进行分组检验结论，发现其中的差异性。

第6章从管理层权力出发，分析其对公司成长性的作用，并引入对机构投资者的分析，总结机构投资者在这种关系里起到的作用以及扮演的角色。研究结果表明：公司的成长性会受管理层权力的影响，管理层权力越强，越能促进公司的成长；并且机构投资者能够起到促进管理层权力对公司成长性的正面作用。由此得到启示：为了促进公司成长，一方面应当对管理层一定权力的放权，让其将自身的专业能力发挥效用，将权力与能力有效的匹配结合起来。另一方面，应当完善与机构投资者相关的制度，使其能够更好更全面的发展，充分发挥机构投资者的监督作用，促使公司健康成长。

第7章结论与展望。通过对上述理论分析和实证研究结果的梳理，本书得出研究结论，并根据总结出来的规律和结论，提出了相应的建议。同时，针对本书研究中所存在的不足和缺陷，在现有研究的基础上做出相应的建议和展望，并提出未来的研究方向。

本书研究框架如图1-1所示：

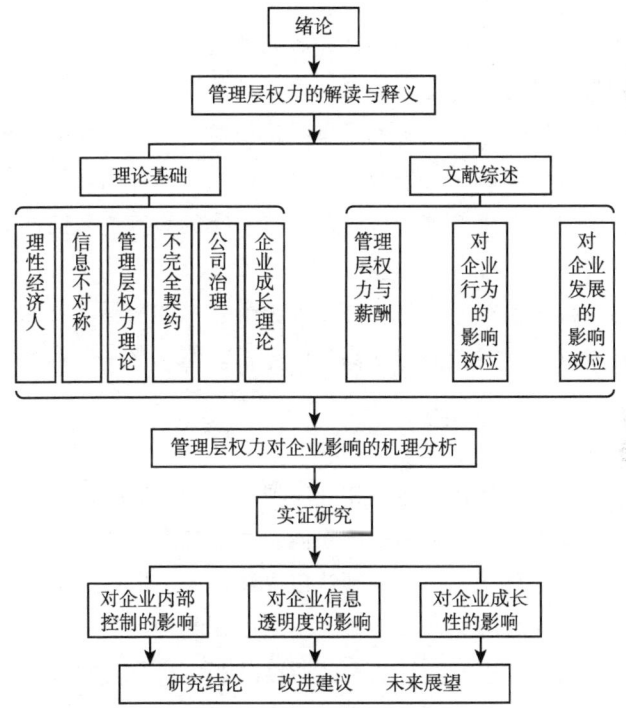

图1-1 本书基本思路结构图

1.4 研究方法

本书研究过程中运用了多种研究方法,其中包括文献研究法、对比分析法、定性分析与定量结合,以及运用到了博弈论等多种分析方法,做到理论和实践结合,使研究结论更具说服力。

1.4.1 文献研究法

文献研究法指搜集前人已经研究发表过的文献,对这些文献进行分类、汇总、整理。根据搜集整理的这些文献,学习前人的研究思路、研究方法、研究成果。从而对自己要研究的课题有更全面更深入的理解。对于管理层权力的大量研究兴起于国外,最早起源的研究在于经理人权力及对于薪酬的影响。目前的文献对于管理层权力和经理人自主权这两个概念界定不清,相互混淆。故本书在研究过程中搜集、查阅了大量相关的资料,特别是国外的大量文献,并对此进行了细致的分析。

1.4.2 对比分析

对比分析法是指将两个相互类似或者相互联系的事物进行比较分析,根据事物呈现出来的相同点和差异点,找出缘由,并总结其中蕴含的规律,最终做到认出事物本质。因此,本书运用对比分析的方法将不同产权性质、不同股权集中度的管理层权力对内部控制质量,以及会计信息透明度的影响进行比较分析。

1.4.3 定性与定量研究相结合

定性研究是指将除数量以外的对象进行研究。本书从三个方面对管理层权力对企业影响效应问题进行了深入系统的定性分析，研究其影响机理。在进行定性研究后，采用因子分析、博弈分析、数量分析等方法对管理层权力及企业成长性进行测度，对企业信息披露的动因以及对企业影响效应的因素相关性进行定量分析。

1.5 本章小结

本章主要提出本书的选题背景和研究意义，自从股份有限公司的诞生以来，两权分离的问题就备受关注，如何平衡好经营者与所有者之间的利益矛盾是一个非常重要的话题。作为企业内部的实际控制人，管理层权力对企业的影响究竟有多大？效应如何？本章构建了全书的逻辑框架和方法，并对管理层权力进行了深入的解读和阐释。本书认为管理层权力是管理层从外部获得的，能够影响企业经营并执行自身意愿的综合性能力。管理层利用该权力会影响到企业的对内治理效应、对外的信息披露，并对企业战略目标可持续发展产生至关重要的影响。

第2章 相关理论与文献基础

管理层扮演着公司治理的核心角色，在企业的经营决策中发挥着举足轻重的作用。管理层权力是管理层的重要特征之一，考察管理层权力的经济后果，即对公司的影响效应，对于完善现代企业的治理机制，提升企业整体运营绩效等方面存在着重大意义。本章对管理层的权力的基础理论和相关文献进行了梳理，为进一步研究提供理论依据。

2.1 相关理论基础

2.1.1 理性经济人假设

作为经济学的领路人，亚当·斯密提出了这样的观点：作为市场主体的人都是自利的，这便是"理性经济人"假设的由来，后来经济学家帕累托率先提出"经济人"这一概念。

经过许多年的发展,"理性经济人"假设成为西方经济学最基本的假设。"理性人"假设是对普遍现象的抽象和概括,即身处经济社会中的每个人在从事经济活动时拥有并表现出来的基本特征,每个人都为自身利益着想。换句话说就是,在从事经济活动时,每个人都致力于以最小的经济付出去获得最大的利益回报为目标来做出相应的经济行动。公司的股东和经理人作为经济社会中重要的一分子,同属于理性经济人。

"理性经济人"假定有四大特征:①完整性。是指在经济社会中的人都是理性的,能明确自己的目标和偏好,并依此做出决策,也能根据所处环境的变化,及时做出合理的反应。②理性选择。即其经济行为不是随机的,而是经过思考后做出的理性选择。③自利原则。经济社会中不同的人,会根据自身的身份、地位,只能等做出使自身利益最大化的行为。例如:消费者在消费的过程中希望个人消费效用最大化,股东作为企业的所有者希望企业利润最大化。④传递性。生产资源、生产要素等可以在不同的机构、组织、地域之间自由转移。

该理论假设管理者是理性经济人,由于企业的经营权和所有权在不同的人手中,企业通过契约来约束管理者,使其目标与企业所有者相同。因此,管理者会为实现企业的目标而努力。在经济活动中,两者之间存在本质上利益的冲突,管理者会做出最大化自己利益的决策,而该决策对于企业所有者来说未必是利益最大化的,甚至可能是损害了股东利益的决策。这样的形式必然会导致信息不对称的现象,为管理者投机取巧、以权谋私提供了机会,而这使股东权益遭到严重的威胁。

2.1.2　信息不对称理论

信息不对称指的是,市场上不同的主体,由于所处的地位、职业等的不同，对于同一样的事物，能获得的信息无论是从数量上还是从质量上来说都是不同的。在社会经济活动中，这种差异的主要来源于信息分布的不均匀和信息传播方式的局限性。在信息就是王道的今天，如果交易主体能掌握更多更准确的信息，无疑在交易的过程中占据很大的优势，从而更加容易获取相对优势的经济利益；反之，则会相对处于十分被动的弱势地位。投资者想要获取收益，需要充分搜集市场上的相关信息，并提取重要信息，才能做出正确的投资决策。对于任何市场参与者来说，获取高质量的信息在任何时候都是必要且关键的。

当市场处于完全竞争条件下时，对于市场上任何参与者来说，所有信息都是均匀分布的，在获取相同信息的情况下他们不需要付出任何成本和损失，因而可以清晰地识别企业管理层是否人为地操控了会计信息，在这种情况下，管理层就失去了以权谋私的机会。否则当这种谋取私利行为被发现时，不仅股东财富会受到损失，管理者自身的声誉和利益也会受到影响。然而，这种完全竞争市场只存在于理论，并不存在于现实市场当中，因为其太过理想化，忽略了市场的很多变动因素，现实中，信息不对称现象是普遍存在的。由于所有权和经营权的分离，企业的所有者，管理层和其他利益相关者会因为自身职能不同而对企业的了解程度不同，从而产生信息不对称。所有者只能通过参加股东大会投票的方式参与决策。因此，在这一过程中，掌握企业最真实信息的往往是管理者，股东和其他的信息需求者只能通过管理层提供的财务报表或其他信息来得知企业的状况，而且这些有限的渠道可能在质量上还存在一定程度的瑕疵。

在现代企业发展过程中，信息不对称必然导致逆向选择、道德风险问题的产生，在这种情况下，管理层因为自身存在信息优势，可能会从事一些违背股东利益的经济活动，以及不恰当的信息披露行为。黎文靖、卢锐（2007）也通过研究发现，管理层在信息不对称的情况下，不仅可以操纵信息披露，而且还会产生进行权力寻租的内在动机。由于内部人员和外部人员获得的信息在广度和深度上难免会有不同，再加上，一些外部使用者能力有限，不能提取出重要的有用的信息，导致解决信息不对称的问题难上加难，某些高管会利用这个情况进行权力寻租，企图操控信息的披露的透明度。

2.1.3 管理层权力理论

Bebchu and Fried（2004）研究了20世纪70年代各大公司CEO薪酬异常升高的现象，他们发现这一现象与当时比较流行的最优薪酬契约理论相悖。他们对这一现象进行了研究，提出了管理层权力理论，该理论认为：高管权力会影响高管的薪酬，高管会利用自身的权力，操控自己薪酬的制定，使自己最大限度地获得利益。

薪酬契约理论最初是为了通过激励管理层从而实现股东利益最大化，但因为在某种程度上可能放大管理层权力，故会在某种程度上损害股东利益。在传统薪酬理论中，董事会对管理层进行监督，并代替股东对高管的薪酬问题与之谈判，在维护股东利益最大化上起到了不可磨灭的作用。但现实情况与传统理论所描述不同，两权分离使管理层成为股东的代理人，对于企业的经营活动具有很大的决策权，此时的董事会并非完全是股东利益的忠实代表，管理层权力过大可能会导致董事会监督职能的缺失，加之目前我国存在大量的国有性质企业，很多都面临着所有者缺位的问题，这就容易使企业变为由内部人控制，高管此时也就容易与董事会产生合谋，此时董事会由于管理层权力的增大，其监督作用则会被逐渐削弱，随之而来的就是其监督管理效率的降低。

崔学刚（2007）提出当董事长与总经理为一个人时，董事会的监督效果会大大降低，因为当管理者发现了对自身利益有威胁的信息时，有很大的动机和机会去隐瞒或者修改，从而影响会计信息披露质量。陆正飞（2008）也从另一角度指出，如果董事会人数较多，会拥有更多的权力，高管的权力就会相对减弱，这就会导致企业对外披露的会计信息的透明性有所改善。CEO通过与董事会合谋来影响自身薪酬设计的原因主要包括两个方面：第一，双方的合谋可能达到互利共赢的局面，与董事会合谋不仅可以使 CEO 自身权力得到重视，薪酬得到提升，同时相关董事也可以获得更高的报酬以及提高自己的声誉和社会地位；第二是董事会可能会受到社会心理因素的制约，在决策时受暗示性社会信息的作用，人们经常会受到他人行为的影响，作为现代企业的管理层，一般需要具备广阔的人际关系和较高的学历，董事会可能会将上述特征作为认可管理层能力的一种标准，而对其产生认同感，当董事会这种认同感不断增强时，管理层就更加容易在其决策中发挥重大影响。董事会由于认同感而忽略的管理层为追求自身利益而牺牲股东利益的风险，也会使会计信息透明性受到影响。

2.1.4　不完全契约理论

关于契约方面的理论[①]分为完全契约理论和不完全契约理论。完全契约理论指出，契约可以在考虑到所有可能发生的情况

---

① 契约理论是研究在特定交易环境下来分析不同合同人之间的经济行为与结果，往往需要通过假定条件在一定程度上简化交易属性，建立模型来分析并得出理论观点。而现实交易的复杂性，很难由统一的模型来概括，从而形成从不同的侧重点来分析特定交易的契约理论学派。2016 年诺贝尔经济学奖揭晓，奥利弗·哈特、本特·霍姆斯特罗姆荣获该奖项，以表彰他们对契约理论做出的贡献。

下不需要花费成本地被第三方执行，即使在此过程中双方之间信息存在不对等。但不完全契约理论认为，现实市场是复杂多变的，人们接受的信息并不完全，并且受制于有限理性和交易成本等因素的影响，契约也很难以低成本执行。根据现代企业理论，企业是许多显性契约和隐性契约的集合，股东和管理层之间的委托代理关系是一种显性契约的形式，股东可以通过有效的监督和激励来约束管理层行为。相应地，企业为了加强内部治理、增强运行有效性，自身也存在众多的隐性契约。从上述显性契约可以看出，股东和管理层通过确保员工行为符合企业规范来强化公司治理提升经营业绩，但在实际经济活动中，由于高额的交易成本以及契约自身所存在的不完备性，考虑到成本效益原则，仅仅依靠显性契约不能满足企业经营发展需要，企业需要通过某种形式的隐性契约来弥补显性契约的不足。

契约经济学认为，显性契约的不完备性可以在本质上由内部控制得到弥补，在企业日常经营活动中，内部控制可以细化为管理层和员工的行为规则，起到规范约束以及相应的激励作用，保证企业的正常运作和发展。Kwangwuk Oh（2014）也认为内部控制的推行和不断完善，可以在一定程度上提升会计信息质量水平。方红星等（2012）提出有效的内部控制可以帮助企业完善信息披露的数量与质量。因此，由契约不完备所导致的代理问题，可以通过建立和完善内控制度来得到解决，同时这也可以约束管理层行为，保证财务信息质量。

2.1.5 公司治理理论

自1932年美国学者贝利和米恩斯提出公司治理结构的概念以来，众多学者从不同角度对公司治理理论进行了研究，其中最具代表性的理论包括以下五种，分别是：两权分离理论、委托代理理论、利益相关者理论、企业产权理论和超产权理论。

两权分离理论、委托代理理论：Berle & Means（1932）提出两权分离的概念，即公司的管理者和所有者是不同的人。Jensen & Meckling（1976）在研究中提出了委托代理理论，认为两权分离会导致所有者与经营者的利益相冲突，因此使管理者与股东目标一致对企业健康发展非常关键。Fama 等（1983）提出代理成本最小化是企业发展的重要目标。Shleifer and Vishny（1997）则认为股东是否能获得投资收益以及如何获得投资收益是企业管理的重要课题。上述研究更加推崇"股东治理模式"，侧重于所有者的利益。

利益相关者理论：Cochran 等（1988）对公司治理的范围进行了扩充，管理层、股东与其他利益相关者之间的利益冲突是公司各种问题的根源所在。Fidrmuc & Goergen（2006）同样认为公司治理也应该将对公司重要的参与者或利益相关者考虑在内。这为公司治理的理论迎来了阶段性的发展，企业治理不再仅仅专注于使股东获得最大的利益，而是将企业的所有利益相关者都考虑其中，在不损害他们的利益的情况下进行公司的日常经营活动。

企业产权理论：哈特（Hart）和莫尔（Moore）的企业产权理论提出，公司中股东与管理层、管理层与其他公司员工之间的契约关系，也同样属于一种市场交易关系。由于所有权与经营权相分离，控制权分为特定控制权与剩余控制权。其中，特定控制权由管理层持有，是指在与董事会签订的协议中明确提及的由管理层拥有的权力，比如企业的日常经营的管理，经营决策的制订。剩余控制权是由治理层持有的，未在管理层与董事会签订的协议中明确的权力，如重大事项决策权等。管理层通过与某种方式，可以获取治理层的部分剩余控制权，这些在契约之外的权力能够为管理层获取更大的利益。因此，管理层的薪酬虽然是由董事会来制订，但管理层会对整个过程实施一定的压力和干扰，导致最后制订出的薪酬制度未必公平客观。

超产权理论：该理论认为，当市场存在竞争才能提高管理层履行职能的动力，外部竞争也是促使企业调整治理机制的原动力，而变动产权只是改变机制的一种方式。机构投资者作为企业的股东，其持股比例一般较高。作为企业的主要利益相关者，机构投资者与企业的长期利益和企业的发展前景联系更为紧密。机构投资者基于维护自身的利益，会在公司治理中提出自己的建议，从而监督管理层的行为，对公司利益和发展前景产生积极影响。

2.1.6 企业成长理论

从古典经济学家亚当·斯密开创性地研究了企业成长性问题以来，企业的成长性备受学者们的关注，其理论又被称为最优规模经济理论。企业成长理论分析中认为相同产业下的各个企业只是在企业规模上存在差异，其本质都是相同的。这种成长理论是僵硬的，因为它忽略了企业成长过程中不断变化的环境和内外部资源，忽略了不同产业、不同地区、不同背景的企业的特殊性。新制度经济学对企业成长理论进行了修正，承认了不同企业之间的差异。企业成长的动力就是为了节约交易费用，减少信息不对称的现象。随着该理论的不断深化，现代企业成长理论更加强调企业中人的重要作用，受其达尔文进化论的影响，认为企业用进废退、适者生存。企业成长理论认为企业生存在一个动态的系统环境中，如同一个有机的生物体一样，产生、发展到最终的消亡。企业的成长不再是一个黑箱，而是在动态环境下的企业不断扩大。

在企业成长性理论的系列研究中，彭罗斯的观点更具代表性。他提出企业的异质性这一概念，认为企业是集人和物等各类资源为一体的管理组织。企业的能力取决于企业的资源，决定了企业的成长，而企业的成长是在企业运行的整个流程中，不断发掘企业潜在的内外部资源，并提高资源的使用效率和转化效率。企业拥有的物质资源通常是非常有限的，而对于企业管理水平和运营能力这样的重要资源却可以通过企业内部不断的日常实践和学习逐步积累起来，推动企业持续成长。从彭罗斯企业成长理论来看，企业的内部资源能为企业的成长助力，良好的企业管理能力作为一种内部资源可以加快企业的成长步伐，促进企业健康发展。由于不同企业的内部管理能力并不相同，这也导致了企业之间成长速度差异化的存在。而企业实际管理者，是企业核心的人力资源，具备较强的学习能力，是企业内部成长要素的载体。

2.2 相关文献综述

2.2.1 管理层权力与薪酬影响效应的研究

薪酬水平的设计往往是从委托代理的视角，考虑股东和管理者之间存在的利益冲突，通过采用一些有效的激励手段，来消除两者之间可能存在的矛盾，通过签订这种薪酬契约来对管理者的经营劳动成果予以回报和奖励，同时最大限度地实现股东价值的最大化。最优契约理论认为现代公司想要解决代理问题，需要董事会充分发挥其作用，不仅要对管理层进行适当的激励，使其利己的目标向公司目标靠拢，而且要对管理层的行为进行监督和约束，减少管理层利用职位为自己谋取私利而损害公司利益的行为发生。因为这种关系的存在，董事会和管理层必然进行着各种各样的博弈，这些博弈会影响管理层薪酬设计是否合理，契约是否有效。Bebchuk 等人基于对此的分析提出，管理层代表股东对企业的经营进行管理，对于企业的经营活动具有很大的决策权，此时的董事会并非完全是股东利益的忠实代表，管理层权力过大可能会导致董事会监督职能的缺失，管理层利用其手上的权力影响其企业的薪酬契约的设计与执行，以操纵自身的薪酬水平。Bebchuk 等（2002）提出，基于此，薪酬契约原本是作为一种治理机制而产生，却进一步加重了委托代理问题和道德风险。该理论得到很多学者的支持（徐向，2016；徐宁等，2017）。在研究并购动机时，Grinstein and Hribar（2004）通过研究发现，并购过程往往产生一些与并购绩效无关的奖金，而这些都是在高管权力驱使下实现的。Adams et al.（2005）的研究进一步支持了"管理层自定薪酬"的论点。他提出 CEO 对企业的管控力越强，其薪酬水平越高。王克敏和王志超（2007）研究管理层权力对企业盈余管理的影响时发现，管理层权力越大，其薪酬越高，但会使其降低对公司进行盈余管理的意愿；若管理层权力下降，高管对于企业盈余管理的范围和程度会加大。卢锐、吕长江和赵宇恒等（2008）也都证明了管理层权力会影响对其自身薪酬的设计与制订。代彬等（2011）从高管的特征中研究两者的关系，研究结论表明，高管权力会对薪酬激励产生负面的影响，出于某些政治因素的谋求，权力和薪酬的粘连性会降低，在国有产权性质的企业中表现更为突出。Lambert et al.（2012）发现管理层利用不恰当的利益承诺方式等手段，达成与董事会的合谋，从而增加货币化薪酬。Lee 等（2014）提出管理层拥有的权力大小影响了管理层对于自身薪酬增长幅度或下跌幅度的敏感性，并研究了董事会的监督对这种关系的作用。李豫湘和廖秋宇（2015）发现管理层权力越大，高管自身薪酬相对来说就会越高，而对于公司的普通职工来说，薪酬就会相对更低，这就会导致高管与普通员工薪酬之间的差距越大，高管对于自身薪酬增长幅度或下跌幅度也会越敏感。任广乾（2016）研究了管理层权力通过树立薪酬标杆的指标体系来作用于薪酬的制订，从而取得自身的高薪酬。张行常和崇江（2019）从管理层权力、组合、学习和职业生涯等四大效应，分析不同继任模式下 CEO 任期对 CEO 薪酬结构的影响。研究发现，四大效应在任期对 CEO 薪酬结构作用过程中的影响有差异，其中管理层权力效应的影响最大。

2.2.2 管理层权力对企业行为的影响效应研究

在管理层权力理论的基础上，学者们开始开拓薪酬以外的研究范围，其相关研究内容主要包括管理层权力给企业带来的影响及作用。

2.2.2.1 对企业内部治理的影响效应研究

理论上来说，管理层在做决策时，应当以将企业价值最大化为原则。但现实中未必如此，管理者可能会为了从丰富的资源中收获较多利益而一味追求公司投资规模，造成投资过度，这种盲目的投资行为被称为"经理帝国主义"（Jensen，1986）。Adams（2005）研究发现，管理层权力越大，由管理层的错误决策对公司造成的危害可能越大，公司业绩不稳定性也就越高，这样的企业会承担较高的经营风险。Steven Balsam et al.（2014）研究发现，管理层作为公司内部控制的制定者和执行者，对其进行股权激励能够促使公司的内部控制建设得到加强，能够显著减少公司内部控制缺陷，增强内部控制质量。张铁铸和沙曼（2014）认为管理层权力的增长会促进管理层在职消费的行为，使企业期间费用增加，管理成本增大。从公司内部治理方面看，建立有效的内部控制制度能对管理层的利己行为进行约束，推动其以股东利益最大化为目标做出投资决策（干胜道，2014）。孔晨和陈艳（2019）发现管理层权力会影响盈余预测质量，当管理层拥有很大的权力时，上市公司实际的盈余与预测盈余会存在很大的差距，产权的性质会加剧管理层权力给经营成果预测带来的负面影响。李敏（2017）提出，两权分离的企业与股权集中程度较高的企业，其盈余管理水平越高。宋建波等（2018）认为企业管理层拥有的权力越大，企业对于风险就越敏感，会以稳妥为重，即便可能的收益率再高，企业也会选择避开高风险的项目。

2.2.2.2 对于企业信息披露的影响效应研究

Cheng & Courtenay（2006）通过研究发现，管理层权力结构对财务报告的质量影响并不明显，财务信息质量也并没有受到总经理是否兼任董事长这一行为的显著影响。马晨等（2012）通过研究企业财务重述发现，企业财务重述问题与管理层权力结构本身没有明显关系。但是财务重述的产生可能与高管持股的利益协同效应有关。同时，由于管理者操纵会计信息的倾向和动机以及由此所受到的监督两者的相互作用，也可能导致企业财务重述的出现。权小锋和吴世农（2010）选取372家于2004—2008年深交所上市的上市公司进行研究发现，管理层权力能提高公司业绩，却难免也为公司带来了不可忽视的风险，而强制提高信息披露的透明性能在一定程度上抑制这种风险的产生。由此可以看出，赋予管理层的权力需要有所权衡。Ashbaugh（2013）发现对于内部控制有缺陷的公司而言，信息的透明度并不高，员工接收到的信息的广度和深度各不相同，这就导致信息不对称的情况更为严重，管理层更有机会利用自己掌握的信息为自己谋取私利，从而影响企业投资效率。陈玲芳（2016）研究了内部控制对企业环境信息披露的影响，企业的内部控制越完善，环境信息披露的内容就越全面，质量也会越高，而高管的权力过高会降低内部控制带来的这种积极作用。

孙艳芬和郭志碧（2016）认为，将会计信息披露过程看作是一种契约，管理层权力越大，则表示其对契约的操控能力越强，这种能力使管理层有权披露对自己有利的信息，而隐瞒对自己不利的信息，从而造成信息有效性下降。同样地，刘妍（2017）也认为管理层权力会降低会计信息的透明度，而解决这个问题的对策是通过债权人的约束，债权人有权限制管理层的权力和行为，可以要求管理层提高信息披露的质量。张敦力（2018）对上市公司进行研究，发现高管的权力越大，表内或有事项的金额就会越小。因为披露表内或有事项对高管来说是不利的，因此，高管会倾向于对报表使用者隐瞒这些信息。

2.2.3 管理层权力对企业发展的影响效应研究

从管理层权力单一指标角度考虑，McConnell（1990）的研究发现管理层持股并不能明显的增加企业价值。在企业发展的前期，管理层权力越大，企业价值越大。而在企业发展的后期，随着管理层权力的增加，企业价值反而呈下降趋势。Adams等（2005）的研究结果表明，管理层权力超出正常范围时，会使企业价值失去稳定性。Robert C. Hanson，Moon H. Song（2000）的研究表明高管持股较高会提升其在企业管理和控制中的地位，导致其在与股东谈判时会具备很大的优势，这导致高管会更有底气，堂而皇之地追求自身利益，而弃其他股东的权益于不顾。刘星等（2012）提出高管的权力对提高公司管理的效率和效果具有重要作用，他们还发现权力较大的高级管理职位出现人员变动时，对公司的发展并没有积极的影响。王清刚和王婧雅（2012）

研究了农业上市公司中高管薪酬与公司业绩的关系，发现高管薪酬越高，公司的业绩越好，但是高管的权力越大，这两者之间的联系就会减弱，这可能意味着高管会利用自身权力，以牺牲公司的利益为代价，来为自己谋取私利。谭庆美等（2015）研究发现，企业高管的综合权力越大时，企业会更倾向于投资回报很高而风险较大的项目，甚至滥用投资。同样的，董红晔和李小荣（2014）的实证研究结果也表明，高管权力会导致企业过度投资，这会给企业的资金流带来不利的影响。王化中和薛颖（2018）认为高管的权力过度集中，会导致企业的投资决策失去效率。但是如果企业能良好地运用分析师跟踪的方法能有效地解决这一问题。

还有观点认为高管的权力会激发其对公司的责任感，以及为公司发展做出的努力的斗志。鲁海帆（2012）发现对于出现财务困难的企业来说，扩大高管薪酬的差距，以及赋予管理层更大的权力会是改善公司财务困难的不错的方法，而对于没有财务困难的企业，这两种方法所能产生的效果就微乎其微了。谭庆美和景孟颖（2013）发现当没有内部控制或者内部控制无效时，管理层的权力越大，对企业业绩的正面影响效果就越强。而如果企业有良好的内部控制时，这种正面影响效果会受到抑制。蒋尧明和章丽萍（2012）主要研究了我国中小企业的情况，发现高管受教育程度越高，企业潜在的增长率与企业根据实际经营情况计算出的增长率的差异会越大，这表明企业具有良好的潜在成长性。李海霞（2015）的研究表明CEO权力会影响企业的成长性，也会影响企业的风险偏好程度和风险承担能力。朱永明和赵少霞（2017）研究了创业板市场的情况。他们发现，管理层综合权力越高，企业的成长性越可观，但观察具体的指标会发现不同的指标带来的影响并不相同，具体表现如下：董事长和总经理由一人担任对公司的成长性有积极的作用；高管的文化水平越高，企业的成长性越大；随着高管在其所在职位工作年限的增加，企业的成长性会呈下降的趋势；而外部人员兼任公司高管对企业成长性的影响并不大。白贵玉和徐鹏（2019）经过一系列的研究也表明高管权力能推动企业的成长，而且研发投入这个指标对这两者的关系有促进作用。

也有一些其他的研究表明管理者权力与企业绩效并不具有明显的线性关系。刘锦和王学军等（2015）研究了管理层正式权力与企业绩效之间的关系，研究结果表明管理层正式权力与企业绩效是非线性关系，具体表现为呈倒"U"形的关系，这表示在一定限度内管理层正式权力增加会给企业绩效带来正面影响，而当管理层正式权力继续增加超过这个限度时，反而会降低企业绩效。

现有研究表明，管理层权力对公司成长的影响具有双面性，在一定范围内，管理层的权力增强对公司是有利的，而如果超过了一定的限度，管理层将会由于权力过大而有能力对公司进行操控，去追求自身的利益，这时对公司的成长就会产生负面的影响。管理层权力对公司成长的影响主要体现在对内外部环境变化的反应速度、公司战略决策的执行效率等方面。

2.2.4 相关文献述评

通过文献理论梳理可以发现：对于管理层权力的研究最早开始与管理层薪酬的研究。在最优契约理论及管家代理理论下，管理层的薪酬与企业绩效脱钩的现实现象引发了学者们的广泛关注，开拓了管理层权力理论的研究，随着研究的逐渐深入，对于管理层权力的研究慢慢扩展到了行为金融的领域，学者们开始关注管理层权力可能引发的企业经济行为后果。

（1）对于管理层权力对于企业内部控制的影响，目前直接基于两者的关系的研究比较少，很多都是将管理层权力或者内部控制质量作为调节变量来探讨其他经济现象，并且对两者的研究结果也存在观点不一致的问题。一方观点认为，管理层权力越大越利于企业内部控制制度的完善；而另一方观点则认为，管理层权力越大，就可能形成"超越控制"，使企业内部控制的效率降低。那么到底管理层权力对于企业内部治理的影响效用如何，管理层权力对内部控制的相互关联是本书研究的一个方向。

（2）企业对外有会计信息披露职责，然而作为企业实际控制人的管理层可以通过其权力影响企业的会计信息披露。虽然已经有学者开始涉猎该领域的研究，也有部分学者将机构投资者引入其两者之间探讨管理层权力及会计信息透明度的关系，但作为企业对外的行为必定受到企业内部治理的影响，故本书在后面的章节中会引入内部治理机制来考虑对企业对外披露的影响效应。

（3）学者们常从企业治理单要素特征、研发投入、管理层特征和企业具备的某财务特征方面探讨对企业成长性的影响。其中，对于管理层特征的分析主要集中在管理层的个人特质上，比如受教育的水平，是否具备某方面的经历和背景，等等，对于管理层权力的研究比较少。其中相对于管理层权力与企业绩效、企业价值的研究而言，企业管理层对企业成长性的分析更少，也没有形成一致性的结论。

在文献的梳理过程中，本书发现，机构投资者往往相对比较稳健、持股比较较高，拥有参与到企业治理中的动机和专业能力，会对管理层权力起到制衡的作用，利于管理层权力对企业积极作用的传导。目前对此的研究并不是很全面，因此本书将从机构投资者这个外部治理因素入手分析其对管理层权力对企业成长性的影响，在研究管理层权力的企业影响效应的同时，分析机构投资者在资本市场中所起的作用,为完善资本市场中机构投资者的投资和管理,规范机构投资者的投资行为提供一定的证据支持。

2.3 本章小结

本章对管理层权力的理论基础及文献进行了梳理。将理性经济人假设、信息不对称理论、管理层权力理论、产权理论、不完全契约理论以及企业成长理论作为本书的理论基础展开研究,并从管理层权力与薪酬、管理层权力对企业行为及管理层权力对企业成长的影响效应研究这三个方面的相关文献着手,分析了目前对于管理层权力研究的现状,并据此提出本书的研究方向及重点,即探讨管理层权力对企业的影响效应。本书将从对企业内部的治理效应、对外部的信息披露效应以及对企业战略成长目标的影响效应来论及对企业的影响。本章为后面的研究奠定了理论基础。

管理层权力的作用机理及测度

3.1 管理层权力的作用机理分析

管理层，作为企业最为重要的人力资本，是企业经营活动的决策者和执行者，在企业日常经营活动中起着至关重要的作用。代理理论的核心实质就是委托代理关系，单一或者多个行为主体通过契约的形式建立一种稳定的雇佣关系，被雇用个体为另一方服务，并同时被授予一定的权力。代理理论的兴起带来了与企业决策相关的一系列研究领域，管理层权力对企业的影响效应也是其中一个重要的方向。本章将从管理层对企业内部治理（内部控制）[①] 的影响效应，管理层权力对企业外部信息披露

---

① 本书将内部控制作为企业内部治理的代理变量。

（会计信息透明度）的影响效应，以及管理层权力对企业战略目标（企业成长性）实现的影响效应进行深入分析。

3.1.1 管理层权力影响企业内部控制的有效性

内部控制制度是为保证企业有秩序地进行生产经营，是企业内部建立的使各项业务活动互相联系、互相制约的措施、方法和规程，是现代化企业管理的产物。企业想在激烈的市场竞争中立于不败之地，需要重视并加强内部控制，让企业的运行更加有效率。中外学者基于不同的理论，就管理层权力对企业内部控制有效性的影响做出了不同的研究，并得出了不同的研究结论。

3.1.1.1 管理层权力增强了企业内部控制的有效性

现代管理家理论（Stewardship Theory），从与代理理论不同的角度讨论了管理层与所有者之间的关系，为研究管理层行为提供了新思路。代理理论消极地认为管理层最大程度追求自身利益，而管家理论认为管理层的动机是积极的，作为被所有者托付的管家，管理层身负打理好企业资产的责任，管理层受到一些自身内在因素的影响，促使他们尽自己最大的努力维护公司的利益，如：对工作成功的满足感，对信仰的追求，对自己尊严的捍卫等。因此不同于代理理论所主张的，要求对管理层进行激励和监督，管家理论更强调所有者需要照顾到管理层的内在心理需求，使双方达到相互信任、互相协调配合的关系。赋予一定的权力的管理层可以更有效地调用企业的可用资源，设计较为完善的内部控制，并严格执行内部控制，这必定会对企业带来正面的影响。

"社会人"假设理论体现了人际关系对个体的重要性，该理论强调了社会的存在使每个个体都不是一座孤岛，而是由互相联系的网络所影响的"社会人"。运用到企业中，管理层也是有社会认知需求的，他们做好"管家"的职责，更好地为企业创造财富，维护利益相关人的权益，也利于企业管理层追求"社会人"的内在需求。

基于以上分析，管理层和所有者及其他利益相关者之间的利益在某个层面上是一致的，见图3-1。

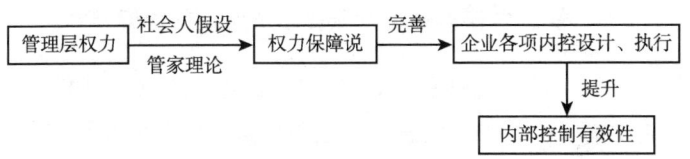

图3-1 管理层权力增强了企业内部控制的有效性

3.1.1.2 管理层权力削弱了企业内部控制有效性

根据"理性经济人假设"，管理层是最大程度追求自身经济利益的，如果所有者希望仅仅凭借管理层的自律，而放松对其进行监督和管制，管理层会为了自身利益最大化而牺牲企业利益，其行为可能影响内部控制的建立，导致内部控制在设计之初就存在种种不合理的情况。内部控制对企业的管理至关重要，完善的内部控制制度有利于企业的发展，反之，不合理的内部控制往往会给企业带来很多问题。在"权力超越说"的观点下，即使企业建立了良好的内部控制制度，企业管理层也会因为机会主义心理，形成管理层自我聘用、自我监管的局面，削弱公司治理效果，从而导致内部控制制度形同虚设。企业管理层越"强势"，就越容易超越内部控制制度的制约，利用手中的权力架空内部控制体系，使内部控制无效，见图3-2。

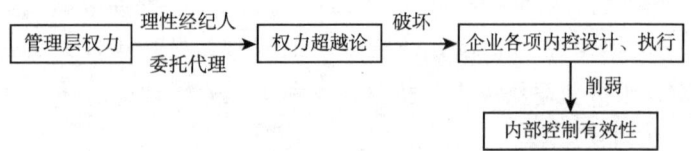

图 3-2 管理层权力削弱了企业内部控制有效性

3.1.2 管理层权力影响企业信息透明度的博弈分析

在企业经营管理过程中，管理者是可以影响会计信息披露的。现实案例中，管理层通过操纵会计信息披露来谋取私利的行为屡见不鲜，这必然会对会计信息的透明度产生不利影响，而权力作为管理层影响企业经营运作的重要因素，管理层必然会凭借其信息决策权来实现其寻租行为。外部报表使用者所涵盖的范围非常广泛，包括：投资人、第三方金融机构以及政府部门等。企业财务报表提供信息的准确程度和完整程度会直接影响企业外部人士对于企业财务状况及生产经营的现状和前景的了解和把握，企业既要出于成本效益考虑，又要在一定程度上满足外部使用者的要求，故产生了拥有企业信息的管理层与外部信息使用者之间的博弈。

3.1.2.1 博弈局中人的确定

企业外部报表使用者主要是投资人、政府和社会公众等，博弈过程中往往假设局中的参与人均为"理性的"，即每个决策都以自身利益最大化为前提。因为企业内部管理人员和企业报表使用者之间所掌握的信息是不对称的，外部报表使用者会希望企业作为内部人士能够提供充分的信息，故企业和报表使用者构成了此博弈中的局中人，具体体现在以下三个方面：

（1）企业管理者与投资人之间。绝大多数现代企业的所有者与管理者是分离开来的，由于所有者可能并不具备管理企业的相关知识和经验，他们往往愿意雇用职业经理人来帮助他们来管理企业。而两方利益的不同，会导致他们之间出现代理问题。企业披露一定程度的会计信息，能让投资者对企业的经营情况有整体上的了解，投资者会根据自身的偏好和风险承受水平对企业进行投资，因此企业的管理层会披露一定的会计或管理信息，来吸引投资者的注意力，并满足投资人对信息的需求；另一方面，企业对会计信息的充分披露，可能会减少管理者因其拥有内部信息的潜在获利能力，从而影响到企业管理者的利益，且披露过程也是要花费一定成本的，故而企业的管理层为了自身利益，会利用其权力来影响会计信息的透明度。于是，博弈在企业经营管理者与投资人之间展开了。

（2）企业与政府。政府部分可以从企业所披露的信息中了解企业的产品生产过程，产品质量状况，企业的社会责任履行情况以及营利能力等内容。并且，政府作为监管部门，在资本市场上有保护投资人权益的职能，故在这一层面上，政府的相关部门是希望企业能认真履行好财务报表信息披露的责任，对于会计信息披露是倡导和鼓励的。然而，企业对财务会计信息的披露可能会暴露其在生产经营中可能存在的薄弱环节。另外，一旦企业对此信息进行披露，就必须对此信息的真实性和合法性负责，这往往会增加企业在信息披露上所承担的法律责任，企业为避免这些法律责任，往往不愿意多披露企业的相关信息。于是，博弈在企业与政府之间展开了。

（3）企业与社会公众。建立良好的社会关系，有利于营造良好的企业形象，与公众的关系处理不好，会使企业的形象受损，使其很难在市场上立足。社会公众希望企业充分披露财务会计的相关信息，使其对企业有一个充分、客观的了解，这也有助于社会公众对企业的认知和监督，基于此，企业会自愿披露相关信息，甚至有时在披露相关信息时，故意歪曲或粉饰相关信息，以夸大企业的前景预期。于是，博弈在企业与社会公众之间展开了。

3.1.2.2　博弈双方的策略选择

企业对会计信息透明度可以选择以下两个策略：

其一，充分披露企业的相关信息，包括财务方面的披露，人力资本信息的披露以及内部控制的信息披露；

其二，少披露、歪曲披露甚至不披露企业的相关信息。

报表使用者在权衡其付出成本与收益之后也会有对企业披露的信息进行两个策略选择：

其一，审计；

其二，不审计。

3.1.2.3　博弈双方的收益情况分析

（1）企业的收益情况分析。如果企业选择充分披露相关信息，企业在短期内会为发生一定程度上的信息披露成本，设短期内企业获得的收益为 a；如果企业选择了第二个策略，决定少披露、歪曲披露甚至不披露企业的相关财务会计信息，企业为信息披露付出的成本会比第一个方案低，设企业在其生产经营过程的短期收益为 b，则会出现 b＞a 的现象。

（2）外部报表使用者的收益情况分析。外部报表使用者通过投资，借款等经济活动，使自身利益与企业相连，如果企业选择充分披露相关信息的策略，外部报表使用者可以获得的收益为 c；如果企业选择了第二个策略，决定少披露、歪曲披露甚至不披露企业的相关信息，那么，外部报表使用者所获得的收益为 d，且 d＜c。如果外部报表使用者对企业所披露的信息进行审计，必须支付的成本为 e；如果选择不审计那么则不需要支付审计成本。企业与外部报表使用者之间的博弈得以矩阵如表 3-1 所示。

表 3-1　　企业与外部报表使用者的得益矩阵

		外部报表使用者	
		审计	不审计
企业	充分披露	(a, c-e)	(a, c)
	少披露、歪曲披露或不披露	(b, d-e)	(b, d)

3.1.2.4　博弈过程分析

在短期内企业与外部报表使用者的收益呈反向相关的，但企业通过披露财务会计相关信息，可以使外部报表使用者获得相关信息，利于其按照自身偏好和风险承受水平做出符合自身情况的投资决策。对信息的充分披露，会在社会公众的心中树立良好的企业形象，有利于企业的长期发展。从这个角度上看，在长期范围内两者的收益应该是呈正向相关的。

(1) 博弈模型的均衡。假设博弈双方都是完全"理性的"，企业和外部报表使用者始终追求自身利益最大化。因 b>a，企业会选择第二个策略，即少披露、歪曲披露甚至不披露相关信息。当外部报表使用者预测到企业这一选择时，会相应的采用不审计的策略 (d<c)，并且不需要支付审计成本。但是在这种策略组合选择下，达不到帕累托最优状态，不利于社会利益的最大化，因此，如果要改变上述的博弈均衡状况，必须要加入外力改进此模型。

(2) 博弈模型的改进。在完全信息条件下，当外部报表使用者选择进行审计的策略时，企业会选择充分披露相关信息，提高会计信息透明度，而当外部报表使用者选择不审计的策略时，企业可能会减少信息披露量或者歪曲或不披露相关信息。因此，可以在这个博弈体系中,外部报表使用者可以引入一定的奖惩机制,当企业充分披露了相关信息时,企业外部的报表使用者相对来说是会获取一定的收益的,可以按照这些收益的一定比例 m 给予企业一定的奖励;当企业减少信息披露或者歪曲披露或不披露时,外部报表使用者如果通过选择审计策略发现后,应给予企业一定比例 n 的惩罚,且 n>m。改进后的企业与外部报表使用者的博弈模型及得益矩阵,如表 3-2 所示。

表 3-2　改进后的企业与外部报表使用者的得益矩阵

		外部报表使用者	
		审计	不审计
企业	充分披露	[a×(1+m), c-e-a×m]	[a×(1+m), c-a×m]
	不披露、歪曲披露或不披露	[b×(1-n), d-e-b×n]	[b×(1+m), d-b×m]

(3) 社会总收益情况分析。从社会的角度来看,企业应该要使与企业经营相关的所有利益相关者的利益达到最大,这样才能给社会带来最大的收益。通过改进后的博弈模型分析,比较在上面相关策略选择后,考虑到总的社会收益情况,企业应该采用对企业最优的策略为充分披露相关信息,这时的社会总收益最大,为 a+c。故此,只有外部报表使用者的奖励和处罚机制得以有效实行,且相应的奖惩设计合理,才能够达到社会的帕累托最优状态,促使企业自愿披露相关信息,提高会计信息透明度。

3.1.2.4 结论及政策建议

从企业和外部报表使用者之间建立的博弈分析来看,企业披露相关的财务会计信息虽然在短期内会和外部报表使用者的利益相冲突，但从长期来看，企业披露充分真实的信息，不仅能帮助外部报表使用者做出正确的决策，也有利于企业建立良好的社会形象，有利于企业的长期发展。为了防止企业的短视行为，外部报表使用者必须建立适当的奖励和惩罚机制，通过反复博弈，最终实现企业和外部报表使用者的利益统一。管理层在编制财务报表和对外报出时，可能因为短视、绩效考评或者自利等因素，运用赋予其的权力，人为地操纵财务报表或影响企业会计信息的透明度。因此，企业应该以可持续发展战略为目标，设置一些考评机制或者奖惩机制来促使管理层兼顾短期与长期目标的实现，限制管理层对会计信息披露的操纵，在一定程度上提升会计信息的透明度，这对任何一方来说都是有利的。

3.1.3　管理层权力影响企业成长性分析

传统的观点认为，企业的价值源于土地、劳动力和资本这三个要素，企业是否能够有效地利用和管理这些资源，成为企业成功的关键。随着科技的发展，经济得以迅速发展，企业的资本化程度也得以显著提高，对企业成长及价值创造的因素分析也有了根本性的转变。

Hambrick 和 Mason（1984）首次提出了高层梯队理论（Upper Echelon），该理论指出由于管理层的特质会影响他们做出的决策，这种影响最终反映在了企业的发展上。管理层成员各有专攻，不可能对所有的问题都了解得特别全面，而且由于环境的复杂性，再加上管理层对信息的接收和处理方式各不一样，管理层会做出不同的判断。高层梯队理论第一代模型如图3-3所示。

高层梯队理论认为高管团队成员之间由于客观环境的不同具有不同的认知基础和价值观，这些不同的心理特征和观察特征导致了高管特征的差异性,并共同对企业决策产生影响。由于人是有限理性的,因此这些差距会使管理者对信息的接收与处理的方式产生不同。这些不同的信息会使他们感受到的问题和程度等各不相同,进而会做出不同的决策。另外认知基础和价值观很难衡量,而人口统计特征可以描述人的基本特征,反映出一个人在行为方式和认知模式上的不同,因此高层梯队理论用人口统计学中的可观察特征如年龄、学历、性别等作为替代变量。不同的背景特征,使管理者具有不同的认知观和价值观,这些会影响他们沟通、讨论以及形成决策的过程,从而对战略选择和绩效水平等有一定的预测作用。

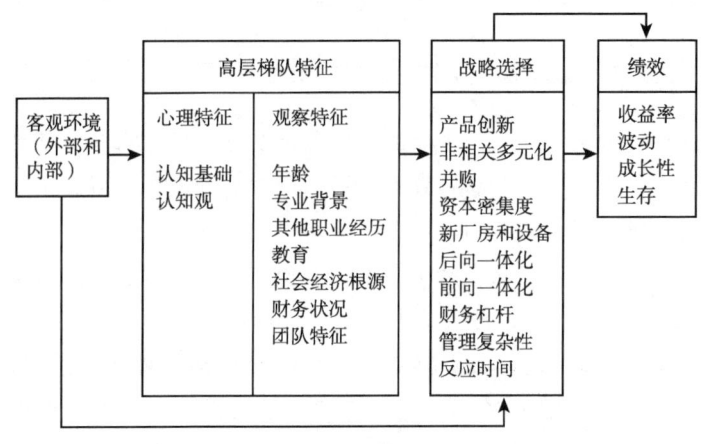

图 3-3 高阶梯队理论第一代模型

随着认识的不断加深,Carpenter 等(2004)在高层梯队理论一代模型的基础上,又提出了第二代模型,如图 3-4 所示。

第二代模型更重视管理层团队人口特征对组织绩效产生影响的中介/调节变量,特别是将权力因素引入二者相关性的研究中。由于管理层在企业中的地位,以及受到董事会等治理机构的限制，这些因素都会左右其在公司战略决策中的影响力。因此，管理层权力的大小影响了团队人口特征及其形成的价值观、认知观等特征在公司治理中产生影响的大小，进而调节管理层团队特征对企业绩效的影响，这个二代模型更清晰地描述了这三者之间的联系。

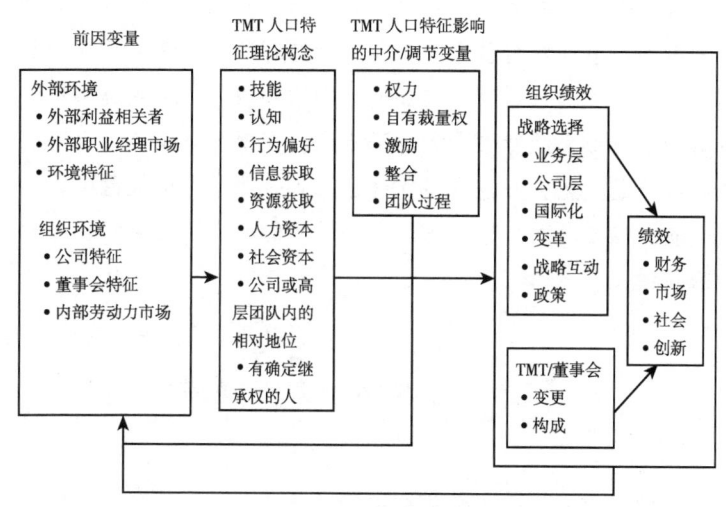

图3-4 高阶梯队理论第二代模型

彭罗斯（Penrose, E. T.）在《企业成长理论》一书中讨论了企业成长的机制和影响企业成长的因素，建立了研究问题的基本框架，即：企业资源从根本上决定企业能力，并影响企业成长的方向和程度。他提出，企业能获取的内外部资源是影响企业成长的重要因素。其中，员工作为企业的内部资源会影响企业的成长，因为企业员工会带来知识、工作诀窍、经验、创造力等隐性资源，这些隐形的资源有利于企业创新性的提高，从企业长期发展来看，会发挥很大的作用。员工的知识积累有利于企业进行资源积累，资源积累会为员工进一步的学习和培训提供良好的物质基础和企业氛围，这又会增加员工对知识的积累。可以看出，招聘知识丰厚的员工是会起到良性循环的作用的，这些员工会利用自身的知识储备，不断促进企业的发展。

管理层是企业内部最重要的人力资源，作为高级管理者，管理层如同一个指挥官，做的每个决策都能对企业施加重大的影响。因此管理层的才能、理念、心态等特质都会从根本上影响企业的发展。纵观各行各业的企业，所有者赋予管理层的权力其实相差无几，关键是看管理层如何运用这些权力，不同类型的管理者会给企业带来截然不同的命运走向。如果管理层能一心一意使企业价值最大化，并把自身才能运用到企业的管理经营中，会促进企业的发展。而如果管理层利用手中的权力以公谋私，会使企业遭受损失。

3.2　管理层权力的测度

管理层权力是一个较为抽象的概念，并且很难得以计量，它受很多因素的影响。从目前的中外研究成果来看，它主要通过两种方法来衡量。第一种是构建积分变量，Key（1997）通过问卷调查法来测度管理层权力，通过设计问卷并进行评分作为衡量管理层权力的数值，该问卷评分为 10~70 分。卢锐（2008）在参考前人研究的基础上，总结出有三个因素影响管理层权力，它们分别是：董事长和总经理是否是同一个人、高管任期和股权分散度，这三个变量加总形成的积分变量可以用来衡量管理层权力。王雄元（2014）在卢锐的研究基础上，将董事长和总经理是否是同一个人和股权分散度这两个变量合并为一个积分变量，并将其按照是否大于 1 来构造一个虚拟变量来进行管理层权力的衡量。傅颀、汪祥耀和路军（2014），黄娟、张配配（2017）等将以上的三个变量合成了一个积分变量，根据该积分变量是否大于1，来构造虚拟变量。第二种方法是通过主成分分析法合成管理层权力变量。Rajagopalan & Finkelstein（1992）采用与第一种方法不同的且更丰富的指标来衡量管理层权力，这些因素包括：企业的市场战略、技术创新策略、企业规模、营利性以及经理的年龄、任职年限和持股数量等。权小锋、吴世农和文芳（2010）对两职合一这一问题扩展为了：CEO担任董事长、副董事长、董事、不兼任董事这四类情况，发现这四种情况下CEO的权力有很大的区别。他们还提出国企金字塔控制链条的深度也会影响管理层权力，并通过主成分分析法构成综合变量衡量管理层权力的大小。此外，Galema（2012）认为CEO是否为企业创始人也会影响管理层权力的大小，陆瑶和李茶（2016）认为现任CEO上任后加入董事会的董事比例也是衡量管理层权力大小的因素之一。

本书借鉴Finkeistein（1992）和权小峰（2010）的研究思路，将企业管理层权力划分成了三个维度，它们分别是：组织结构权力、所有权权力和个人能力权力。同时根据赵息（2013）、胡明霞（2015）以及周美华（2016）等人的研究，将总经理（或者CEO）兼任董事长情况、董事会规模、内部董事比例、总经理（或CEO）任职时长、总经理（或CEO）是否在外兼职、总经理（或CEO）持股比例以及企业股权分散度作为影响管理层权力的重要因素，利用主成分分析法合成综合变量反映管理层权力的大小。具体衡量方法如下：

（1）总经理（或者CEO）兼任董事长。当企业管理层兼任董事会成员特别是兼任董事长时，会进一步加强管理层对企业的实际控制权，管理层权力由此变大。当总经理（或者CEO）兼任董事长时，该指标取 1，反之，该指标取 0。

（2）董事会规模。众多学者通过研究发现，当企业董事会的规模过大时，容易出现决策不统一的情形，此时管理层权力会得到加强。本书中企业董事会的规模用董事会人数来衡量。

（3）总经理（或 CEO）任职时长。总经理或 CEO 在该岗位的工作时间越长，在企业就拥有更高的话语权，掌握更多的权力，这种地位使他们更能操控企业的活动，进而对企业施加更多的影响。本书以月份为标准，当管理层任职月份超过行业平均任职月份时，该指标取值为 1，反之取 0。

（4）总经理（或 CEO）是否在外兼职。石军伟（2007）认为，CEO 在外兼职的岗位可能代表其所拥有的社会资本，兼任除企业内部职位以外的职位越多，表明总经理或 CEO 的社会资源越多，就能在企业的决策过程中掌握更多的话语权。赵息、许宁宁（2013）也将 CEO 是否在外兼职作为衡量管理层权力的重要标准，在外兼职的岗位越多表明管理层权力可能就越大。在本章中，CEO 在本企业之外兼职时取值为 1，否则为 0。

（5）总经理（或 CEO）持股比例。CEO 持股比例越高，其管理层和股东的双重身份特征就决定了其在公司经营活动中可能会拥有更大的话语权和决策权。

（6）企业股权分散度。当第一大股东持有绝大多数股权时，股权的分布较为集中。此时拥有大部分股权的股东能排除管理层造成的干扰，对企业的决策具有绝对的话语权和绝对的控制权。而对管理层来说，对公司的影响会相对减少，难以利用自己的权力以公谋私。股权分散度用赫芬达尔指数来衡量，即计算前十大股东持股比例的平方和，赫芬达尔指数越大，表明股权集中度越高。

第3章 管理层权力的作用机理及测度

表3-3　管理层权力变量及其计算方法

管理层权力	变量名称	变量符号	变量定义
Power	CEO兼任董事长	Dual	虚拟变量，兼任取1，否则取0
	董事会规模	BDsize	董事会成员人数
	CEO任职时间	Long	任职年限
	CEO是否在外兼职	PT	虚拟变量，兼职取1，否则取0
	CEO持股比例	Sholder	CEO持股数量/公司总股数
	股权分散度	Con	前十大股东持股比例的赫芬达尔指数

通过分析管理层权力的变量，从以上6个变量中选取主要变量，得出管理层权力综合变量。

表3-4为KMO和Bartlett的检验结果，KMO用于比较各变量间的偏相关系数，从下表中可以看出，本书的KMO=0.567，这个结果大于0.5，表示所选变量较为适合进行因子分析。Bartlett球形检验是为了检验相关阵中各变量间的相关性，根据变量计算结果是否为单位阵，检验各个变量是否各自独立。在因子分析中，若拒绝原假设，则说明可以做因子分析，若不拒绝原假设，则说明这些变量可能独立提供一些信息，不适合做因子分析。Bartlett球形检验的显著性水平为0，说明拒绝各个因子之间不存在相关性的原假设，即指标变量之间存在相关性，因子分析有效，故本书所选取的6个指标之间既有必要，同时也较为适合进行主成分分析。

表3-4　KMO和Bartlett的检验结果

KMO	KMO值	0.567
Bartlett	近似卡方	1914.185
	df	15.000
	p-value	0.000

在表3-5中，在对选取的权力指标进行主成分分析之后，会得到初始贡献值和累计贡献率，以特征值大于1为标准，从中提取三个主成分因子，可以看出，三个因子的累计贡献率为62.77%。

表3-5　主成分分析初始特征值及累计贡献率

成分	初始特征值			提取平方和载入		
	合计	方差的%	累计%	合计	方差的%	累计%
1	1.640	27.33	27.33	1.640	27.33	27.33
2	1.109	18.48	45.81	1.109	18.48	45.81
3	1.017	16.96	62.77	1.017	16.96	62.77
4	0.865	14.42	77.19			
5	0.833	13.88	91.07			
6	0.536	8.93	1.00			

在表3-6中，CEO两职兼任（power1）和CEO持股比例（power5）在第一主成分中占据较高的比例；董事会规模（power2）和CEO是否在外兼职（power4）在第二主成分中占据较高的比例；CEO任职期限（power3）与股权分散度（power6）在第三主成分中占据较高的比例。将这三个主成分分别定义为F1、F2、F3。

表3-6　因子载荷矩阵

	成分		
	1	2	3
Power1	0.637	-0.022	0.099
Power2	-0.305	0.542	-0.260
Power3	0.251	0.386	-0.631
Power4	0.264	0.595	0.124
Power5	0.587	-0.008	0.156
Power6	-0.155	0.450	0.697

将主成分矩阵中的数据除以对应的特征值得到平方根后，便得到了三个主成分中每个指标所对应的系数，进而得到了三个主成分的值：

$F1 = 0.497 Power1 - 0.238 Power2 + 0.196 Power3 + 0.206 Power4 + 0.458 Power5 - 0.121 Power6$

$F2 = -0.021 Power1 + 0.515 Power2 + 0.367 Power3 + 0.565 Power4 - 0.008 Power5 + 0.427 Power6$

$F3 = 0.098 Power1 - 0.258 Power2 - 0.626 Power3 + 0.123 Power4 + 0.155 Power5 + 0.691 Power6$

计算每个主成分所对应的特征值占提取主成分总的特征值之和的比例，然后对主成分计算加权平均，最终得到管理层权力的综合变量。

$Power = 0.435 F1 + 0.294 F2 + 0.270 F3$

最后计算出的这个结果能综合反应管理层权力。这个值越大，表示管理层权力越大，反之，管理层权力越小。

3.3 本章小结

本章主要从理论上分析了管理层权力对企业的影响效应。在对企业内部治理的影响效应中，本章主要从管理层对企业内部控制的影响机理进行深入的分析，从两个不同的角度探讨管理层权力对内部控制的影响效应；本章通过博弈的分析方法来研究管理层权力对企业外部披露职责的影响效应，提出企业应该以可持续发展战略为目标，设置一些考评机制或者奖惩机制来促使管理层兼顾短期与长期目标的实现，限制管理层对会计信息披露的操纵，在一定程度上提升会计信息的透明度，实现各方利益的共赢；对高阶梯队理论进行拓展分析，并将其延伸至对管理层权力对企业成长性的研究上，发现管理层是企业内部最具潜力的人力资源，更是企业成长的主要动因，管理层掌握着企业的经营运作的大权，在企业经营中起到了至关重要的作用。另外，管理层权力比较抽象，难以测度，本章在梳理了其相关文献的基础上，提出了本书的测度标准，为后面的实证研究奠定了基础，其后的相关数据分析中，都会用到本章的测度方法。

管理层权力对公司治理的影响

如前面所述,在委托代理理论中,基于自利的经济人假设,企业管理层并不是以股东的利益为最大化作为自身的目标,而可能更注重自己的利益达到最大化。新制度经济学家威廉姆森认为,人都是逐利的,因而这种行为在经济社会中普遍存在。管理层通过被赋予的权力将其私立驱动于公司治理的各个环节,影响着公司治理的效应。内部控制作为公司治理的重中之重,对保证公司合法高效运行发挥了不可磨灭的作用。我国借鉴了国外的发展经验来完善我国企业的内部控制,2006 年,上海证券交易所发布了《上市公司内部控制指引》,2008 年 6 月,财政部、证监会、银监会、保监会和审计署五部委联合发布了《企业内部控制基本规范》,要求企业对自身内部控制的有效性进行评价并披露自我评价报告,2010 年 4 月,五部委又联合相继发布了《企业内部控制应用指引》

《企业内部控制审计指引》和《企业内部控制评价指引》，自2011年1月1日起，规定在境内外同时上市的企业需执行内部控制规范体系，并将范围扩大到在上交所和深交所主板上市的公司中，对于中小板和创业板公司择机实施，并鼓励非上市大中型企业提前实施。相继出台的这些规定有利于改善我国企业的内部控制情况，促进企业的发展。

本书在第3章中已经对管理层权力对内部控制的影响效应做了理论分析，本章将继续从实证的角度探究管理层权力对内部控制质量产生的影响效应，究竟是增强了内部控制的有效性还是抑制了内部控制的有效性？不同的所有制形式下的企业这种影响是否存在不同？本章将针对以上问题展开研究。

4.1 文献回顾及研究假设

4.1.1 管理层权力与企业内部控制质量的关系

企业是一系列契约的集合体。企业中的剩余控制权会由于企业具有不完备的特征而不均衡。魏明海等（2001）认为管理层掌握企业更多的资源和信息，并且在一定程度上维系着企业各种契约的签订、实施以及进行监督。在这个过程中，作为企业内部控制人的管理层，管理层会以不易被人察觉的方式，牺牲外部人的利益来满足自身私利，这必然会破坏内部控制并影响有关内部控制信息披露的准确性。Manuel A. Tipgos（2002）指出，管理者拥有的权利使管理层可以参与内部控制的制订、实施、废除等各个步骤，并施加重大的影响。管理者甚至可以凌驾于内部控制之上。吴秋生和李晓燕（2012）对管理层凌驾于控制之上的现象做了分析，研究提出，两职合一造成管理层权力过大，其权力得不到很好的监督，内部控制的有效性降低，甚至形同虚设。赵息等（2013）认为管理层会基于对自身利益优先以及企业成本效应的原则，无视企业内部控制的约束，并影响内部控制缺陷的对外披露。丁熙和孙武（2014）从企业产权性质出发，研究发现由于国有企业国有股权过大且股权集中度较高，企业治理结构中股东治理是缺位的，而这给管理者带来了投机心理，会使内部控制缺陷的信息披露不完整。

基于以上分析，提出假设1：

H1：管理层权力与企业内部控制质量负相关，即管理层权力越高，企业内部控制质量越低。

4.1.2 所有制组织形式对二者关系的影响

Boardman，Vining（1989）从效率的角度出发研究国有企业，发现由于国有企业存在"所有者的缺位"问题而导致其效率低下。作为国家经济发展的主力军，国有企业在我国发挥了重要的作用，学者们一直热衷于对其的内部治理影响因素及经济后果进行研究。在我国30年的国企改革中，我国一直坚持放权让利的原则，在对应的产权关系中，国有产权始终都存在终极所有人的"虚置"和"缺位"，作为国有企业实际控制人，国有企业管理层在企业的经营过程中，在当地政府和社会中形成了巨大的影响力，这种社会地位赋予了管理层很大的话语权。可以看出，所有者的缺位使管理层的权力不断增加，其行为难以受到有效监督。如果这种缺位造成管理层权力超出正常范围，很容易引发管理层为了自身利益而对内部控制质量进行隐瞒的行为，内控信息的披露更可能沦为管理层自身利益权衡的结果（赵息，许宁宁，2013）。国有企业的背景较为特殊，股权难以发挥制衡作用，容易出现一股独大或一言堂的局面（郭婧，2017）。此时，由于国有股东的绝对控股，企业控制权集中程度较高，且随着控制权集中性的进一步提高可能产生利益侵占行为。同时，绝大多数的国有企业都存在监督力度不够的问题。很多研究表明造成公司治理结构的不合理以及效率低下结果的根本原因就是产权不明（赵袁军等，2017）。综上，对国有企业来说，管理层权力过大会削弱内部控制的有效性。基于以上分析，提出假设2：

H2：与非国有企业比较而言，国有企业管理层权力给内部控制有效性带来的消极影响更显著，程度更大。

4.2　研究设计

4.2.1　样本选择和数据来源

本章选取2014—2018年在我国深圳证券交易所和上海证券交易所上市的A股上市公司作为研究样本，并做出以下处理：①剔除金融行业的上市公司；②剔除数据异常和其他财务数据缺失的公司；③剔除ST公司。利用Stata14.0软件对最终的样本数据进行处理，研究上述公司管理层权力与内部控制质量之间的关系，以及所有制组织形式在这二者关系中所起到的作用，同时讨论在不同股权集中度和股权性质下，管理层权力对内控质量的影响，并提出相应的建议。本章使用的数据均来自于国泰安数据库、迪博数据库和巨潮资讯网，部分会计信息透明度数据来自于证监会、沪深交易所官方网站（参见表4-1）。

第4章 管理层权力对公司治理的影响

表 4-1　　样本结构分布（分年度和行业）　　单位：个

行　业	2014年	2015年	2016年	2017年	2018年	总计	占比
农、林、牧、渔业	31	33	34	38	41	177	1.82%
采矿业	51	60	56	68	77	312	3.21%
制造业	1186	1171	1160	1193	1208	5918	60.84%
电力、热力、燃气及水生产和供应业	72	78	79	80	81	390	4.01%
建筑业	49	51	52	54	54	260	2.67%
批发和零售业	131	131	122	126	128	638	6.56%
交通运输、仓储和邮政业	71	71	71	71	71	355	3.65%
住宿和餐饮业	9	10	9	12	14	54	0.56%
信息传输、软件和信息技术服务业	83	82	96	96	99	456	4.69%
房地产业	115	118	107	118	124	582	5.98%
租赁和商务服务业	20	20	30	34	38	142	1.46%
科学研究和技术服务业	8	9	9	12	18	56	0.58%
水利、环境和公共设施管理业	21	19	21	24	28	113	1.16%
教育	1	1	2	3	3	10	0.10%
卫生和社会工作	2	3	4	6	10	25	0.26%
文化体育和娱乐业	19	27	28	29	29	132	1.36%
公共管理、社会保障和社会组织	20	22	22	22	22	108	1.11%
总计	1889	1906	1901	1986	2045	9727	100%
占比（%）	19.42	19.59	19.54	20.42	21.02	100	

4.2.1 变量定义与模型设定

4.2.1.1 变量定义

（1）内部控制质量。本章借鉴逯东等（2015）以及李姝等（2017）的研究成果，选取迪博内部控制与风险管理数据库中公布的内部控制指数来衡量企业内部控制质量，该指数对企业各方面的情况都做了参考，包括：评价内部控制目标的实现程度，剖析企业内部控制自我评价报告，参考注册会计师出具的内部控制报告审计意见，同时通过分析企业中存在的内部控制缺陷，最终得出对企业内部控制的综合评价。该指标体系涵盖5个一级指标、24个二级指标和43个三级指标。因此，本章对内部控制质量的计量采用迪博数据库公布的内部控制指数作为衡量标准。

（2）管理层权力。在前面第3章管理层权力的测度中已经明确指明其计量方法，采用主成分分析法，以后的检验均适用。

（3）调节变量。股权性质（Own）：即公司所有权的性质。本章为了研究所有制组织形式在其中所起的调节作用，引入了其与管理层权力的交乘项进入模型，通过该变量探讨所有制组织形式对管理层权力与内部控制间关系的影响。其中所有制组织形式分为两种，国有和非国有。国有企业设为1，非国有企业为0。为了验证假设2，如果交乘项变量系数显著，那么可以求证股权性质对管理层权力对内部控制质量水平的影响具有调节作用，其交乘项变量的符号代表了调节作用的性质。

（4）控制变量。借鉴前人对管理层权力与内部控制的相关的研究，本章将对企业的内部治理特征及财务特征作为控制变量。企业规模会对内部控制产生一定的影响，一般来说，企业规模越大，内部控制设计和实施得越好。本章引入企业规模（Size）的指标,即样本公司期末总资产的自然对数。此外,为了评价企业的财务状况以及营利能力,本章选取了以下三个指标:资产负债率(Lev),样本公司年末负债总额与资产总额的比值;资产收益率(ROA),样本公司当年实现净利润与平均资产总额之比;成长性(Grow),公司的营业收入增长率。财务状况以及营利能力较好的企业其内部控制相对较好。此外本章还控制了年度和行业因素,其中行业包括剔除金融行业的16个行业。各变量定义如表4-2所示。

表4-2 研究变量及定义表

变量名称	变量符号	变量定义
内部控制质量	IC	采用迪博数据库公布的上市公司内部控制指数衡量
管理层权力	Power	积分变量Power
股权性质	Own	当上市公司为国企时,取值为1,否则取值为0
企业规模	Size	年末总资产的自然对数
财务杠杆率	Lev	年末负债总额与资产总额之比
成长性	Grow	营业收入增长率
营利能力	ROA	净利润与平均资产总额之比
年度变量	Year	年度虚拟变量
行业变量	Industry	行业虚拟变量

4.2.1.2 模型设定

为了验证假设1,建立如下模型:

$$IC = \beta_0 + \beta_1 Power + \beta_2 Size + \beta_3 Grow + \beta_4 LVE + \beta_5 ROE + \beta_6 \sum IND + \beta_7 \sum YEAR + \varepsilon \quad (4-1)$$

为了验证假设2,建立如下模型:

$$IC = \alpha + \beta_1 Power + \beta_2 SizePower \times Own + \beta_3 Own + \beta_4 Size + \beta_5 Lev + \beta_6 Grow + \beta_7 ROA + \beta_8 Year + \beta_9 IND + \varepsilon \quad (4-2)$$

模型（4-1）用于验证本章的假设1，预期对样本面板数据进行回归，Power 的系数为负，表明管理层权力大小对内部控制质量质量有负向影响作用。为了验证假设2，本章提出了模型（4-2），它是在模型（4-1）的基础上引入管理层权力 Power 和股权性质 Own 的交乘项，预期 Power×Own 的系数为负，表明所有制组织形式会对管理层权力与内控质量间的关系形成影响，对国有企业来说，管理层权力过大普遍会给内部控制带来负面影响。

4.3 实证结果与分析

4.3.1 描述性统计

（1）全样本描述性统计分析。根据表4-3，内控质量的平均值为3.867，中位数为3.218，由此可见，我国企业的内部控制质量水平并不高，这也解释了为什么最近几年相关部门不断出台相关规章制度以帮助企业完善内部控制。管理层权力最小值为-1.052，最大值为3.201，中位数为-0.232，如前面第三章所述，管理层权力采用主成分分析的方法，其具体计算过程见3.2，样本平均值为-0.146，大于中位数-0.232，说明管理层权力相对过大是一种比较普遍的现象。

从控制变量的描述性统计可以看出，企业规模平均值的自然对数为23.17，标准差为1.363，最大值与最小值相差较大，说明我国资本市场中企业规模差距较大。营业收入增长率代表了企业的成长性，其最小值为-0.967，表明企业业绩下滑，最大值为1980，表明企业在迅速扩张，这两者之间差异较大。企业成长性的平均值为 0.876，标准差为 26.23，平均值高于中位数说明大部分企业营业收入增长率较快。资产负债率的最小值为 0.00906，最大值为 2.413，平均值为 0.460，由此可知样本公司的资产负债率水平总体较高，面临较大的财务风险，说明不同企业对债务融资的利用程度存在较大差异。净资产报酬率的最小值为 -50.08，最大值为 38.29，可见样本公司之间的营利能力具有较大差异，这主要是由于所处的行业不同所导致的。

表 4-3　　　　　　全样本描述性统计结果

变量	样本数	平均值	标准差	中位数	最小值	最大值
IC	9727	3.8670	0.273	3.2180	1.11500	3.981
power	9727	-0.1460	0.675	-0.2320	-1.05200	3.201
SIZE	9727	23.1700	1.363	22.7520	14.47000	29.450
GROW	9727	0.8760	26.230	0.0653	-0.96700	1980.000
LEV	9727	0.4230	0.245	0.4600	0.00906	2.413
ROE	9727	0.0320	1.312	0.0586	-50.08000	38.290

（2）分年度描述性统计。为了研究管理层权力的变化趋势，本章把不同年度的数据进行了统计。从表 4-4 中可以看出，近几年管理层权力的平均值在不断下降，平均值从 -0.113 下降到 -0.149，说明随着法律法规和制度的不断完善，以及公司治理这些内外部监督机制的不断优化，管理层权力在企业日常经营管理中得到了一定程度的监督和约束。但是，在所观察的样本中，管理层权力平均值在近几年仍然大于其中位数，说明从总体上看，管理层权力依然存在过大的风险，因此，还需进一步分析这种现象产生的内外部原因，来完善企业治理，促进企业发展。

表4-4 管理层权力分年度的描述性统计

年份	样本数	平均值	标准差	中位数	最小值	最大值
2014	1889	-0.113	0.631	-0.196	-1.064	3.001
2015	1906	-0.122	0.615	-0.193	-1.068	2.978
2016	1901	-0.146	0.589	-0.218	-1.043	2.597
2017	1986	-0.153	0.512	-0.253	-1.038	2.698
2018	2045	-0.149	0.501	-0.248	-1.043	2.956

表4-5显示了内部控制质量的分年度描述性统计结果,从表4-5中可知,内部控制质量从2015年开始呈现上升趋势,这可能与我国近年来出台了一系列关于加强企业内部控制的文件规范有关,在外部监督机制不断完善的情况下,企业内部也在不断完善自身内部控制建设,同时,近几年样本平均值普遍低于样本中位数,说明我国企业内部控制质量仍然有待进一步提高。

表4-5 内部控制质量分年度的描述性统计

年份	样本数	平均值	标准差	中位数	最小值	最大值
2014	1889	3.573	0.221	3.615	1.215	3.967
2015	1906	3.438	0.188	3.484	2.389	3.799
2016	1901	3.598	0.193	3.639	2.405	3.974
2017	1986	3.608	0.219	3.693	2.380	4.071
2018	2045	3.662	0.201	3.745	2.358	4.142

4.3.2 相关性检验

本章首先对各变量进行了相关性检验,从表4-6的检验结果可以看到,各变量的相关系数的绝对值都小于0.5,其中绝

第4章 管理层权力对公司治理的影响

值的最大值为0.425，最小值为0.012，各变量之间不存在多重共线性的问题，回归模型可以继续加以检验。并且表4-6中显示了各变量之间的相关系数和对应的显著性水平，说明了模型变量之间的相互关系。其中，管理层权力（Power）与内部控制质量水平在1%的显著性水平上呈现负相关的关系，这说明管理层权力越大，内部控制越差。股权性质与内部控制质量呈正相关关系且在1%的统计水平上显著，由于本章主要研究股权性质与管理层权力交乘项的系数和显著性，因此在后文会通过模型对股权性质的调节作用进行进一步探究。控制变量中，企业规模与内部控制质量呈显著的正相关关系，且在1%的统计水平上显著；资产负债率和成长性均与内部控制质量间呈正相关关系，资产报酬率与内部控制质量间呈负相关关系；但三者均不显著，且成长性和资产负债率与预期符号相反。这是由于上述相关性检验考察的是单变量间的相关关系，只具有参考价值，还需将单变量放入多元回归中进行考察以获取变量间的真实关系。

表4-6 相关系数检验

变量	IC	Power	Own	Size	Lev	Grow	ROA
IC	1						
Power	-0.028***	1					
Own	0.137***	-0.158***	1				
Size	0.080***	-0.113***	0.226***	1			
Lev	0.102	-0.053***	0.275***	0.285***	1		
Grow	0.027	0.012	-0.152***	0.101***	-0.048**	1	
ROA	-0.012	0.047*	-0.168***	0.036**	0.425***	-0.257***	1

注：*、**、*** 分别代表10%、5%、1%的显著性水平。

4.3.3 回归分析

（1）管理层权力与内部控制质量之间的实证检验。表4-7列示了管理层权力与内部控制质量的回归结果，由表4-7可知，管理层权力（Power）系数为-0.015，且在5%统计水平下显著（t值为-2.45），说明企业管理层权力越大，内部控制质量越差。根据不完全契约理论，由于契约的不完备性等特征，企业中剩余控制权的分布也是不对称的。同时作为企业内部控制人的管理层，因为掌握更多的资源和信息，往往会选择牺牲外部人的利益来为其谋取私利，为了掩盖其行为，内部控制人可能会选择违背内部控制相关规定、凌驾内部控制之上等行为来影响内部控制五要素，进而选择不披露有关信息、披露部分有关信息或是披露经过加工的信息，从而误导外部利益相关者、降低会计信息透明度。综上所述，企业管理层权力的增加会给内部控制质量带来负面影响。从而验证了假设1的观点。

表4-7 管理层权力与内部控制质量的回归结果

变量	被解释变量（IC）	
	回归系数	$P > \lvert t \rvert$
Power	-0.015** (-2.45)	0.029
SIZE	0.052*** (15.15)	0.000
GROW	-0.001** (-2.58)	0.016
LEV	-0.118*** (-8.27)	0.000

续表

变量	被解释变量（IC）	
	回归系数	P>|t|
ROE	-0.014 (-2.68)	0.289
Constant	3.596*** (49.14)	0.000
IND	已控制	
YEAR	已控制	
N	9727	
R-squared	0.185	

注：**、***分别代表5%、1%的显著性水平。

同时从表4-7中还可知，企业规模（SIZE）与内部控制质量正相关（系数为0.052），且在1%水平上显著（t值为15.15），说明企业规模越大，会更重视内部控制的设计和执行，因而内部控制质量越高。成长性（GROW）与内部控制质量负相关（系数为-0.001），且在5%水平上显著（t值为-2.58），说明企业发展速度越快，很有可能忽视内部控制建设，导致内部控制质量下降。财务杠杆（LEV）水平代表了企业的财务风险水平，与内部控制质量负相关（系数为-0.118），且在1%水平上显著（t值为-8.27），说明内部控制良好的企业会特别注意风险把控，良好地运用经营杠杆，对企业现金流进行管理。营利能力（ROE）对内部控制质量的回归系数为-0.014且不显著，说明此变量对内部控制质量影响并不明显，但由于营利能力在一定程度上也可以反映企业内部控制的情况，在参考了前人的探究后，为使本章研究更为严谨，仍将其列为控制变量进行回归。

（2）所有制组织形式的影响的实证检验。为了研究所有制组织形式对管理层权力与内部控制质量间关系的影响,在回归模型中引入了管理层权力与股权性质的交乘项,通过交乘项的符号及显著性能够判断所有制组织形式对管理层权力与内部控制质量间关系的影响,及初步判断不同所有制组织形式下管理层权力对内部控制质量间的不同影响。表4-8列示了管理层权力、股权性质及两者交乘项与内部控制质量的回归结果,其中,在引入交乘项进行回归后,管理层权力与股权性质的交乘项(Power * Own)的回归系数为负(-0.309),在1%的统计水平下显著(Z值为-1.257),前文已述,管理层权力越大,内部控制质量会受到负面影响,而所有制形式会对这种关系起到明显的调节作用,交乘项的回归系数为负,可以得出,所有制组织形式会对管理层权力与内部控制质量间的关系形成影响,相对于非国有企业,国有企业的管理层权力对内部控制质量的负向影响更大。综上所述,引入管理层权力与股权性质交乘项的回归结果验证了假设2。

表4-8 所有制组织形式对管理层权力与内部控制质量间关系的影响的回归结果

变量	被解释变量 = IC	
	回归系数	P > |z|
Power	-0.1590 ** (-2.249)	-0.010
Power * Own	-0.309 *** (-1.257)	0.009
Own	0.4518 *** (4.320)	0.000
Size	0.1902 *** (3.445)	0.000

续表

变量	被解释变量 = IC	
	回归系数	P > |z|
Lev	-0.491** (-2.289)	0.032
Grow	-0.041 (-3.645)	0.279
ROA	-0.476 (-1.238)	0.128
Year	已控制	
Industry	已控制	
LR 值	338.73***	
N	9727	

注：**、*** 分别代表 5%、1% 的显著性水平。

4.4 进一步分析

管理层作为企业众多契约环节中重要的一环，处于企业关系的中心位置，联系着其他各方。通过前面的回归分析，验证了本章提出的两个假设，明确了管理层权力对企业内部控制有效性的影响以及所有制组织形式的不同对其关系产生的影响作用。不同的股权结构会给企业的内部控制带来不同的影响。一般来说，如果企业的股权较为集中，即绝大多数股权集中在一个或几个人手上，那么大股东就掌握很大的话语权，这种权力和地位使大股东有足够的能力去参与企业的经营活动及日常决策，大股东逐渐会不满足于外部所有者的身份而成为内部人（黎文清，2009），这必然会对管理层造成掣肘，并给企业的内部控制施加很大的影响。

那么究竟这种约束和制衡是否会对管理层权力对内部控制的作用产生差异，不同的产权性质的企业由于其特性是否也会对两者关系产生差异影响，本章将从股权集中度以及产权性质两方面做进一步的分组分析研究。

4.4.1 不同股权集中度下的不同影响

股权集中度表示企业股权的分布情况，是衡量企业权益构成的一个重要的指标。国外学者对此的研究比较早。Berle and Means（1932）提出股权集中度较高的企业，对企业管理层的监督程度会有所加大，这种监督在一定程度上限制了管理层以公谋私的行为，有利于企业业绩的提升。Grossman and Hart（1980）从股东投资效益的角度分析，当股权比较分散的时候，单一股东从个人角度衡量成本效益的时候往往会选择不去监督而坐享其他股东的监督成果，最终导致监督形同虚设，管理层权力不能得到有效的监督和控制。刘猛、叶陈刚、武剑锋（2018）提出股权集中度对于股东提升对企业的关注度有正面影响，并通过对公司经营活动的关注来监督管理层的行为，能限制管理层以公谋私的行为，有利于促进股东与管理层目标的一致性。

由此可以看出，股权集中度将会是一个考量的方面，为了进一步验证股权集中度在管理层权力对内部控制有效性影响的关系中是否会产生作用，本章按照股权集中度水平进行分组检验。按照中位数水平将前十大股东持股比例划分为两个小组，分别为低股权集中度组和高股权集中度组。① 低股权集中度组和高股权集中度组的样本量均为 4863。表 4-9 列示了在低股权集中度组和高股权集中度组管理层权力和内部控制质量间的关系,通过比较两组间管理层权力与内部控制质量的回归系数和显著性可以发现,低股权集中度组管理层权力与内部控制质量的回归系数为 -0.4210,在 1% 的统计水平上显著,而在高股权集中度组,管理层权力与内部控制质量的回归系数为 -0.3048,在 10% 的统计水平上显著,其回归系数的绝对值小于低股权集中度组。可以看出,对股权较为分散的企业来说,所有者的风险和责任也相对分散,对管理者进行监督时会有所有者出现自己不付出而依靠他人的投机心理,这必然会在一定程度上削弱公司管理层受到的外部监督力度,使管理层权力的行使得不到有效的管制,从而降低内部控制质量。

表 4-9　不同股权集中度下管理层权力与内部控制质量的回归结果

变量	低股权集中度		高股权集中度	
	回归系数	P>|z|	回归系数	P>|z|
Power	-0.4210*** (-3.346)	0.003	-0.3048* (-1.879)	0.087
Size	0.1753*** (2.294)	0.001	0.1649*** (2.771)	0.004
Lev	-0.2346 (-1.513)	0.225	-0.2690 (-0.812)	0.459

---

① 前十大股东持股比例小于中位数的为低股权集中度组,其他的为高股权集中度组。

续表

变量	低股权集中度		高股权集中度	
	回归系数	P>|z|	回归系数	P>|z|
Grow	-0.1354 (-2.037)	0.304	-0.1422 (-1.360)	0.316
ROA	-0.2475 (-2.095)	0.383	-0.3433 (-0.182)	0.713
Year	已控制		已控制	
Industry	已控制		已控制	
LR 值	190.94***		154.57***	
N	4863		4863	

注：*、*** 分别代表 10%、1% 的显著性水平。

4.4.2 不同股权性质下的不同影响

上文已通过构建交乘项的方式研究了所有制组织形式对管理层权力和内部控制质量间关系的影响，为了进一步分析在国有企业和非国有企业中管理层权力对内部控制质量的影响具体有何差别，将样本分为国有企业组和非国有企业组，通过对模型（4-1）进行分组回归的方式进一步探究两组企业管理层权力对内部控制质量的影响差异的具体表现。表 4-10 是分组回归的结果，从表中可以看出国有企业组管理层权力与内部控制质量水平的回归系数为负（-0.2891），在 1% 的统计水平下显著（Z 值为 -4.132），说明对于国有企业，管理层权力会给内部控制质量带来负面影响，而在非国有企业组，管理层权力与内部控制质量间不存在显著的相关关系，说明对于非国有企业，管理层权力与内部控制质量之间并没有明显联系。

表 4-10　不同股权性质下管理层权力与内部控制质量的回归结果

变量	国有企业		非国有企业	
	回归系数	P > |z|	回归系数	P > |z|
Power	-0.2891*** (-4.132)	0.000	0.1483 (0.193)	0.565
Size	0.3108*** (3.871)	0.000	0.1347** (1.769)	0.042
Lev	-0.3507 (-0.528)	0.159	-0.3108 (-2.295)	0.165
Grow	-0.0347 (-0.957)	0.334	-0.0565 (-1.204)	0.221
ROA	-0.0406 (-0.065)	0.851	-0.7058 (-1.835)	0.346
Year	已控制		已控制	
Industry	已控制		已控制	
LR 值	297.90***		174.81***	

注：*、**、*** 分别代表 10%、5%、1% 的显著性水平。

1.5　稳健性检验

上述多元回归分析结果初步揭示了管理层权力与内部控制质量间的关系，以及所有制组织形式对二者关系的影响，同时通过进一步分析在不同股权集中度和股权性质下管理层权力对内部控制质量影响的不同表现，但为了研究的科学性，本章对数据进行稳健性检验。本章将对披露了内部控制缺陷的企业设置为内部控制质量差,取值为1,若未在内控报告中披露内控缺陷则取值为0。由表4-11可知,管理层权力(Power)的回归系数为负(-0.1825),在1%的统计水平上显著(Z值为-3.437),且各控制变量的回归系数和显著性均与上文所表达关系基本一致。

表4-11 管理层权力与内部控制质量的回归结果

变量	被解释变量 = IC	
	回归系数	$P > \|z\|$
Power	-0.1825*** (-3.437)	0.001
Size	0.1861*** (4.994)	0.000
Lev	-0.3721* (-1.299)	0.054
Grow	-0.0463 (-1.618)	0.107
ROA	-0.4235 (-1.601)	0.143
Year	已控制	
Industry	已控制	
LR 值	322.80***	
N	9727	

注:*、***分别代表10%、1%的显著性水平。

表4-12同上,对管理层权力、股权性质及两者交乘项与内部控制质量的回归进行稳健性检验,管理层权力与股权性质的交乘项(Power×Own)的回归系数为负(-0.2170),在1%的统计水平下显著(Z值为-2.608),基本上假设1、假设2仍得到支持。

表 4-12　所有制组织形式对管理层权力与内部控制质量间关系的影响的回归结果

变量	被解释变量 = IC	
	回归系数	P > |z|
Power	-0.0350* (-3.543)	-0.080
Power × Own	-0.2170*** (-2.608)	0.009
Own	0.2315** (4.320)	0.023
Size	0.5932*** (4.141)	0.000
Lev	-0.423** (-2.087)	0.045
Grow	-0.051 (-2.945)	0.509
ROA	-0.135 (-2.984)	0.218
Year	已控制	
Industry	已控制	
LR 值	297.12***	
N	9727	

注：*、**、***分别代表10%、5%、1%的显著性水平。

4.6　本章小结

本章以2014—2018年度在我国深圳证券交易所和上海证券

交易所上市的 A 股上市公司作为研究样本，研究了管理层权力与内部控制质量间的关系，并发现所有制组织形式的不同，股权集中度水平不同都会对管理层权力对内部控制质量水平产生不同的影响。本章主要结论包括以下几点：①管理层权力与内部控制质量水平呈负相关，即管理层权力越大，内部控制的有效性水平相对越差，即这两者间关系呈显著负相关。②管理层权力与内部控制有效性之间存在调节变量，所有制组织形式会在两者关系中起到强化或抑制的作用。与非国有企业相比，在国有企业中管理层权力对内部控制有效性产生的不利影响更大。一方面，由于国有企业的所有者是国家，而非个人，难以对管理层实施全面的严格的监管，导致国企管理层容易出现以公谋私的投机现象；另一方面，国有企业相对于非国有企业，一般规模较大，社会性质较为重要，其内部控制信息的披露会对社会产生影响，并受到社会的广泛的关注，因此国有企业管理层有一定的倾向去粉饰披露的信息。③股权集中度会影响管理层权力对内部控制质量的影响力度。与股权较为分散的公司对比，股权较集中的公司里，管理层权力对内部控制有效性的负面影响更大。因为所有者的风险和责任相对分散，所有者会出现自己不付出而依靠他人的投机心理，且通过监督获得的回报也相对较低，这降低了所有者参与监督过程的动力。

第5章 管理层权力对企业信息透明度的影响

两权分离的环境下,所有者和经营者之间产生委托代理关系,而这种关系导致企业是一系列契约的结合体。企业委托人通过所披露的会计信息来评价代理人在代理经营的过程中相应受托责任的履行情况,会计信息越透明,越能减轻委托人与代理人的信息不对称问题,从而降低了代理成本。另外,会计信息越透明,企业的会计信息质量越高,也使外部信息使用者了解企业的真实情况,并为其提供有用的决策信息,引导市场资金的合理配置。市场经济日益发达的今天,会计造假问题也日益严重,会计信息透明度的研究也日趋紧迫。我国的资本市场起步较晚,虽发展历史比较短暂,但发展速度较快,这也使与资本市场相配套的制度和规定与快速发展的市场之间存在不匹配的问题,上市公司信息披露违规、信用缺失、财务造假现象也屡见不鲜,诸如"獐子岛事件"以及"万家文化股权收购案"等涉及会计信息的违规披露事件严重扰乱了资本市场秩序,阻碍了我国证券市场的健康发展。近几年来,监管部门也开始通过出台一系列相关信息披露的准则和规范措施来维护资本市场的信息披露环境,提升投资者的投资信心。由图5-1数据可以看出,针对近几年来会计信息违规披露事件的增多,证监会也加大了监管和处罚力度,提升会计信息透明度也是企业在资本市场的立足之本。

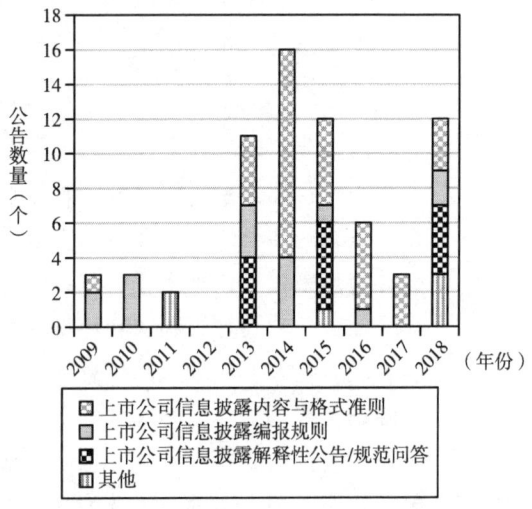

图5-1 2009~2018年证监会、沪深交易所发布的
关于信息披露文件柱状图

资料来源:中国证监会、上海证券交易所和深圳证券交易所网站公告。

管理层,作为企业所有者的代理人,在企业的生产经营过程中掌握着信息优势,管理层有操纵会计信息披露为己牟利的自利动机,在具体行为上必然会通过其所拥有的权力决定企业对外的会计信息披露。会计信息透明度,它指的是一个公司的财务报表反映真正经济效益的程度。企业管理层会向所有者和外部的其他利益相关者进行选择性地会计信息披露,在一定程度上导致会计信息失真。从这个角度上来看，企业会计信息的透明度受限于管理层的权力。

美国政府在安然事件后紧急出台了萨班斯法案，通过立法的方式建立了财务报告内部控制审计制度，从制度上要求企业完善企业的内部控制制度，通过该法案的颁布与实施，进一步强化了公众企业的对外信息披露的责任和义务，从而提升整个资本市场的公平性和运营效率。我国企业内部控制制度的完善借鉴了国外内部控制的发展经验，有效的内部控制在一定程度上可以防范企业财务舞弊行为，也有助于提高会计信息的合法性和公允性。从内部控制的框架来看，内部控制在一定程度上体现了管理层的管理意志和意图，在设计和制定内部控制时，管理层一方面对内部控制的设计和执行负责，另一方面也会受到其监督和制约。

管理层权力是否会对企业对外的会计信息透明度产生影响？而作为企业内部治理机制的内部控制在中间到底扮演了何种角色？管理层是否会为了私人利益通过凌驾内部控制来影响企业会计信息质量？这都是现阶段急需求证和解决的问题。

5.1 文献回顾及研究假设

5.1.1 管理层权力与企业信息透明度的关系

如前所述，基于企业代理理论以及信息不对称理论的分析及博弈分析[1]，企业披露相关的财务会计信息虽然在短期内会和外部报表使用者的利益相冲突，但从长期来看，企业披露充分真实

---

① 如前面第 3 章 3.1.2 管理层权力影响企业信息透明度的博弈分析。

的信息，不仅能帮助外部报表使用者做出正确的决策，也有利于企业建立良好的社会形象，有利于企业的长期发展。管理层在编制财务报表和对外报出时，可能因为短视、绩效考评或者自利等因素，运用被赋予的权力，人为地操纵财务报表或影响企业会计信息的透明度。早期学者对企业信息透明度的研究重点关注于管理层预测和盈利报告的披露。在所有会计信息披露的市场反应中，管理层预测和盈利报告所带来的反应占比高达55%以上，比重最大（Beyer，2003）。Hughes和Pae（2004）发现了管理者会根据实际情况选择不同的盈余预告发布的时间及范围。Rogers和Stocken（2005）基于不同的事件研究，发现管理层会选择对自身更有利的情形，压低或者调高盈余预告；拥有更大权力的管理层在面对获利机会时，实施自利意愿的能力更强。会计信息透明度的视角也逐渐扩大，Geiger and North（2006）从管理层盈余管理的角度进行分析，发现企业可操作性应计项目明显降低，从而会计信息质量得以上升。傅欣、邓川（2013）在研究中获知，管理层为了达到激励的目的，会通过盈余管理来操控业绩，并且如果管理层的权力较大，那么其操控的程度就较大。周东华（2014）从CEO和董事会相对权力的视角出发，研究了CEO权力和董事会稳定性对企业盈余质量的影响，通过研究发现，CEO权力越大时，上市公司盈余管理程度就越高；而董事会的稳定性能够有效抑制CEO权力与盈余管理之间的正相关关系。李映照和李晓梦（2017）通过研究上市公司高管权力、董秘信息权对信息披露质量的影响后发现，高管权力的增加会减弱董秘信息权对信息披露质量的正向影响。王晓宁（2018）以沪深A股2012—2015年上市公司为研究样本来研究管理层权力与会计信息质量的相关关系，发现管理层权力正向影响着真实盈余管理，扩大管理层权力，会增加企业的真实盈余管理行为，从而降低公司的会计信息的质量水平。

综上所述，在企业缺乏有效监督和约束的背景下，管理层兼具管理者和所有者的双重身份使股权制衡制度很难发挥出有效作用。为了使自身利益最大化，管理层完全有意愿和能力通过操控会计信息来掩饰其寻租行为，从而导致会计信息透明度下降。基于以上分析，提出假设1：

H1：管理层权力与会计信息透明度负相关，即管理层权力越大，会计信息透明度越低。

5.1.2 企业内部控制质量对管理层权力与会计信息透明度的影响

内部控制的目标是合理保证财务报告的可靠性，这一目标与管理层履行财务报告编制责任密切相关。内部控制作为保证企业财务会计信息可靠性的一种制度性安排，必然对企业对外的信息披露产生一定的影响效应。Hogan，Wilkins（2008）认为，当内部控制失效时，由于缺乏正式的限制性程序和政策，管理层可能会自由选择会计方法和会计估计，这就必然会降低财务报告的可靠性。杨德明（2009）认为，实施有效的内部控制可以减轻企业代理问题所产生的负面影响，内部控制既能保证企业各部门间的协调有序，也能减少管理层权力对会计信息披露所带来的负面干扰，通过这种制度安排可以避免人为因素的操控。杨玉凤等（2010）也认为这种监督机制是董事会监督作用的具体表现，可以对管理层权力形成制约，从而保证会计信息透明度。胡明霞和干胜道（2015）从内部控制的要素进行分析，企业构建诚信的价值体系离不开良好的控制环境，只有在规范的控制环境下，管理层才能约束自身行为，避免从事私利活动的动机。胡明霞（2018）通过研究发现，结构权力对内部控制质量与应计盈余具有负向调节作用，总经理两职兼任会削弱内部控制对应计盈余的抑制作用。方美玲（2019）从农业上市企业入手展开研究，并从内部控制的五要素进行分析，发现完善的内部控制会抑制管理层权力对会计盈余质量的负向作用，提升该农业上市公司的会计信息质量。

由此，提出假设2：

H2：内部控制能够对管理层对会计信息透明度的负向效应产生抑制作用，提高会计信息透明度。

5.2 研究设计

5.2.1 样本选择和数据来源

本章选取2014—2018年度在我国深圳证券交易所和上海证券交易所上市的A股上市公司作为研究样本，并对这些公司进行以下筛选：①剔除金融行业的上市公司；②剔除数据异常和其他财务数据缺失的公司；③剔除ST公司。在对得出的最终样本数据利用Stata14.0软件进行处理，研究上述公司管理层权力与会计信息透明度之间的关系，以及企业内部控制在这二者关系中所起到的作用，同时讨论在不同产权性质和不同股权集中度下内部控制在这二者关系中所起的作用是否会存在差异，从而更有针对性地提出政策建议。本章使用的数据来自于国泰安数据库、色诺芬数据库、锐思数据库，部分会计信息透明度数据来自于证监会、沪深交易所官方网站。具体样本分布见第3章。

5.2.2 变量定义与模型设定

5.2.2.1 变量定义

（1）会计信息透明度。对于会计信息透明度的衡量，本章

第5章 管理层权力对企业信息透明度的影响

采用了两种方法：

①借鉴 Bhattacharya 等（2003）、我国学者李晓慧（2015）和王艳艳（2016）等人的研究，采用盈余激进度（EA）和盈余平滑度（ES）来衡量企业会计信息透明度，计量方式如下：

$$EA_{it} = ACC_{it}/Asset_{it-1}$$

$$ACC_{it} = \Delta CA_{it} - \Delta CL_{it} - \Delta Cash_{it} + \Delta STD_{it} - DEP_{it} + \Delta TP_{it}$$

公式中下标 i 表示公司，t 表示年度；EA_{it} 代表盈余激进度，ACC_{it} 代表应计项目，$Asset_{it-1}$ 代表第 t-1 年年末总资产，ΔCA_{it} 代表第 t 年流动资产与 t-1 流动资产的差额，ΔCL_{it} 代表第 t 年流动负债与 t-1 年流动负债的差额，$\Delta Cash_{it}$ 代表第 t 年货币资金与 t-1 年货币资金的差额，ΔSTD_{it} 代表第 t 年一年内到期长期负债与 t-1 年一年内到期长期负债的差额，DEP_{it} 代表第 t 年固定资产累计折旧和无形资产摊销的合计金额，ΔTP_{it} 代表第 t 年应交税费与 t-1 年应交税费的差额。

盈余平滑度计算公式如下：

$$ES_{it} = \frac{SD(CFO_{it-3}/Asset_{it-4}, CFO_{it-2}/Asset_{it-3}, CFO_{it-1}/Asset_{it-2}, CFO_{it}/Asset_{it-1})}{SD(NI_{it-3}/Asset_{it-4}, NI_{it-2}/Asset_{it-3}, NI_{it-1}/Asset_{it-2}, NI_{it}/Asset_{it-1})}$$

上述公式中，ES_{it} 代表盈余平滑度，$SD(\cdot)$ 代表计算括号内指标的标准差，CFO_{it-j}（j=0、1、2、3）代表第 i 家上市公司第 t-j 年经营活动现金流量净额，NI_{it-j} 代表第 i 家上市公司第 t-j 年的净利润，$Asset_{it-k}$（k=1、2、3、4）代表第 i 家上市公司第 t-k 年年末总资产。

会计信息透明度采用以下公式计算：

$$Tran_{it} = \frac{Deciles(EA_{it}) + Deciles(ES_{it})}{2}$$

$Tran_{it}$ 代表第 i 家上市公司第 t 年会计信息透明度，$Deciles(EA_{it})$ 和 $Deciles(Es_{it})$ 表示计算 EA_{it} 和 Es_{it} 的十分位数。盈余

激进度和盈余平滑度的值越大,说明会计信息透明度越低。本章对EA_{it}和Es_{it}十分位数排序时进行趋同化处理,即EA_{it}和Es_{it}值越大,排序越小。经过趋同化处理后,$Tran_{it}$的最小值1,$Tran_{it}$的最大值10,其值越大表示会计信息透明度越高。

②借鉴 Hutton 等(2009),以及我国学者孙光国、杨金凤(2013),沈华玉等(2017)研究成果,采用修正的琼斯模型来计算公司操控性应计利润,然后取绝对值(Abacc)来作为衡量会计信息透明度的替代变量做稳健性检验,计量方式如下:

为了使计算结果稳健,采用过去3年的操控性应计利润总和 Opaq 来代表会计信息不透明程度,该值越高,表示会计信息透明度越低。

$$Opaq = Abacc_{t-1} + Abacc_{t-2} + Abacc_{t-3}$$

第一步,计算出总的应计利润。

$$TA_{it} = (NI_{it} - CFO_{it})/Assets_{it-1} \quad (5-1)$$

在公式(5-1)中,TA_{it}代表第 i 个公司第 t 年的总的应计利润,NI_{it}表示第 i 个公司在第 t 年所产生的净利润,CFO_{it}则表示第 i 个公司在第 t 年所产生的经营活动现金流量净值,$Assets_{it-1}$代表第 i 个公司在第 t-1 年的期末总资产。

第二步,估计行业特征参数。

$$TA_{it} = \beta_0 + \beta_1 \times 1/Assets_{it-1} + \beta_2 \times [(\Delta NR_{it} - \Delta TR_{it})/Assets_{it-1}] + \beta_3 \times PPE_{it}/Assets_{it-1} + \varepsilon \quad (5-2)$$

在公式(5-2)中,ΔNR_{it}表示第 i 个公司第 t 期净营业收入增加额,ΔTR_{it}表示第 i 个公司第 t 期应收账款增加额,PPE_{it}表示第 i 个公司第 t 期期末固定资产原值,β_0、β_1、β_2、β_3为待估的行业特征参数。本章运用上市公司数据对模型(5-2)进行回归,将得到的系数代入模型(5-3)中。

第三步,计算不可操纵性应计利润。

第5章 管理层权力对企业信息透明度的影响

$$NDA_{it} = \beta_0 + \beta_1 \times 1/Assets_{it-1} + \beta_2 \times [(\Delta NR_{it} - \Delta TR_{it})/Assets_{it-1}] + \beta_3 \times PPE_{it}/Assets_{it-1} \quad (5-3)$$

利用上述模型（5-3）求出不可操纵性应计利润NDA_{it}。

第四步，计算出可操纵性应计利润。

$$DA_{it} = TA_{it} - NDA_{it} \quad (5-4)$$

利用模型（5-4），计算出可操纵性应计利润DA_{it}，上式中TA_{it}表示第 i 个公司第 t 年的总的应计利润，NDA_{it}表示第 i 个公司第 t 年的不可操纵性应计利润。

第五步，对可操纵性应计利润取绝对值。

$$Abacc = |DA_{it}| \quad (5-5)$$

鉴于可操纵性应计利润可正可负，故对可操纵性应计利润取绝对值，生成会计信息透明度的衡量指标，该指标越大，表明会计信息透明度越低。

（2）内部控制质量。同第四章的变量设定。

（3）管理层权力。同第四章的变量设定。

（4）控制变量。根据之前学者的研究，某些企业特征会对公司会计信息透明度产生影响，本章在对相关文献进行梳理的基础上，借鉴大部分学者的思路，选择以下变量作为本章研究的控制变量：企业规模（Size）：一般而言，上市公司规模越大，在市场上和社会上的影响力和声誉也会越大，同时也更加容易受到社会公众，投资者以及监管机构的关注，同时企业规模大也意味着更加完善的治理结构，这些因素都可能使公司管理层披露更加完整和高质量的会计信息。为消除各变量间数量级之间的差异，本章采用公司总资产的对数来衡量企业规模。成长性（Grow）：本章采用营业收入增长率来表示企业的成长性，处于成长阶段的企业可能会面临较大的融资需求，为了取得投资人信任获得融资，企业可能会有较强的意愿去披露企业的相关信息。财务杠杆

(Lev)：资产负债率反映了企业的偿债压力，资产负债率较高的企业，具有较高的财务风险和债务压力，根据舞弊三角论，在面对压力的情况下，管理层可能会进行虚假陈述、操纵会计利润等舞弊行为，从而降低企业的会计信息透明度。谢志华、崔学刚（2005）通过研究发现，资产负债率越低的企业，会计信息透明度越高。公司业绩（Roe）：即企业净利润除以净资产的比值，它是衡量一个公司营利能力的重要指标，一般来说，营利能力较差的企业，管理层往往拥有较强的动机来进行盈余管理，通过选取能够增加企业盈余的会计政策和会计方法来达到管理层粉饰财务信息的目的，从而降低企业会计信息质量。经营现金流量（OCF）：本章借鉴刘妍（2017）的研究成果，采用企业净利润与平均资产总额的比值来衡量企业经营现金流量。审计意见类型（AUDIT）：审计作为一种外部监督方式，能够对会计信息质量产生影响，一般审计意见为标准无保留意见的企业，会计信息透明度会相对较高，获得非标准审计意见的企业，可能表明其内部治理存在问题，这在某种程度上可能会影响到企业的会计信息质量。此外本章还相应地控制了年度和行业因素，其中行业包括剔除金融行业的16个行业。各变量定义如表5-1所示。

表 5-1　　　　　　　　研究变量及定义表

变量类型	变量名称	变量符号	变量定义
被解释变量	会计信息透明度	Trans	盈余激进度（EA）和盈余平滑度（ES）十分位数趋同化处理后的均值，该值越大表明信息透明度越高；修正的琼斯模型，该值越大表明信息透明度越低
解释变量	管理层权力	Power	主成分分析法

续表

变量类型	变量名称	变量符号	变量定义
中介变量	内部控制质量	IC	采用迪博数据库公布的上市公司内部控制指数衡量
控制变量	企业规模	Size	总资产对数
	成长性	Grow	营业收入增长率
	财务杠杆	LEV	资产负债率
	公司业绩	ROE	净利润/净资产
	经营现金流量	OCF	净利润/平均资产总额
	审计意见类型	AUDIT	虚拟变量，标准无保留意见取1，否则取0
	行业虚拟变量	IND	根据上市公司行业设置
	年度虚拟变量	YEAR	根据区间跨度时间设置

5.2.2.2 模型设定

为了验证假设1，建立如下模型：

$$\text{Trans} = \beta_0 + \beta_1 \text{Power} + \beta_2 \text{Size} + \beta_3 \text{Grow} + \beta_4 \text{LVE} + \beta_5 \text{ROE} + \beta_6 \text{OCF} + \beta_7 \text{AVDIT} + \beta_8 \sum \text{IND} + \beta_9 \sum \text{YEAR} + \varepsilon \quad (5-6)$$

为了验证假设2，建立如下模型：

$$\text{Trans} = \beta_0 + \beta_1 \text{Power} + \beta_2 \text{IC} + \beta_3 \text{Power} \times \text{IC} + \beta_4 \text{Size} + \beta_5 \text{Grow} + \beta_6 \text{LVE} + \beta_7 \text{ROE} + \beta_8 \text{OCF} + \beta_9 \text{AVDIT} + \beta_{10} \sum \text{IND} + \beta_{10} \sum \text{YEAR} + \varepsilon \quad (5-7)$$

模型（5-6）用于验证本章的假设H1，预期对样本面板数据进行回归，power的系数为负，表明管理层权力大小对会计信息透明度有负向影响作用。模型（5-7）用于验证本章的假设2，预期power的系数为负，表明管理层权力会对内部控制质量形成负向形成影响，预期 IC 的系数为正，表明内部控制越好的企业，其会计信息透明度越高；预期 power 与 IC 的交乘项系数为正且显著，表明内部控制质量在管理层权力与会计信息透明度二者关系中存在调节作用，并且能够抑制管理层权力对会计信息透明度的负面影响；反之，如果系统为负且显著，表明内部控制质量在管理层权力与会计信息透明度二者关系中存在调节作用，并且能够促进或者增强管理层权力对会计信息透明度的负面影响。

5.3 实证结果与分析

5.3.1 全样本描述性统计分析

根据表 5-2，会计信息透明度的平均值为 3.057，略大于样本中位数 3，表明平均会计透明度水平不高。管理层权力最小值为 -1.052，最大值为 3.201，中位数为 -0.232，由于管理层权力的计量采用主成分分析法，通过选取具有代表性的六个变量来进行主成分分析，构成管理层权力综合变量，样本平均值为 -0.146，大于中位数 -0.232，说明目前我国上市公司中管理层权力存在过大的可能性，所有者缺位问题比较普遍。内控质量的平均值为 3.867，中位数为 3.218，由此可见，我国企业的内部控制质量水平并不高，这也解释了为什么最近几年相关部门不断出台相关规章制度以帮助企业完善内部控制。

从控制变量的描述性统计可以看出，企业规模平均值的自然对数为 23.17，标准差为 1.363，最大值与最小值相差较大，说明我国资本市场中企业规模差距较大。营业收入增长率代表了企业的成长性，其最小值为 -0.967，表明企业业绩下滑，最大值

第5章 管理层权力对企业信息透明度的影响

为1980,表明企业在迅速扩张,这两者之间差异较大。平均值为0.876,标准差为26.23,平均值高于中位数说明大部分企业营业收入增长率较快。资产负债率的最小值为0.00906,最大值为2.413,平均值为0.460,由此可知样本公司的资产负债率水平总体较高,面临较大的财务风险,说明不同企业对债务融资的利用程度存在较大差异。净资产报酬率的最小值为-50.08,最大值为38.29,可见样本公司之间的营利能力具有较大差异,这主要是由于所处的行业不同所导致的。经营现金流量最小值为-0.871,最大值为8.790,平均值为0.0494,说明不同企业之间的经营现金流之间也可能因行业不同而存在差异,故在后文的回归分析中对行业进行相应地控制,使结果更为准确。审计意见由于是虚拟变量,发表标准无保留意见的取1,否则取0,从分析结果可以看出,审计意见平均值为0.957,说明我国上市公司大部分都是标准无保留的审计意见,这在一定程度上也会对会计信息质量产生影响。

表 5-2 全样本描述性统计结果

变量	样本数	平均值	标准差	中位数	最小值	最大值
Tran	9727	3.057	1.508	3	1	5
power	9727	-0.146	0.675	-0.232	-1.052	3.201
IC	9727	3.867	0.273	3.210	1.115	3.981
SIZE	9727	23.17	1.363	22.752	14.47	29.45
GROW	9727	0.876	26.23	0.0653	-0.967	1980
LEV	9727	0.423	0.245	0.460	0.00906	2.413
ROE	9727	0.0320	1.312	0.0586	-50.08	38.29
OCF	9727	0.0494	0.164	0.0305	-0.871	8.790
AUDIT	9727	0.957	0.209	1	0	1

表 5-3 列示了会计信息透明度的分年度描述性统计结果，可以看出会计信息透明度均值在经历了下降后又上升的趋势，从 2014 年的 3.065 下降到 2015 年的 3.010，而后有又上升到 3.109，说明近年来随着一系列的监管措施和制度的出台，以及上市公司不断完善治理结构，企业会计信息透明度出现了一定程度的改善，而且均值普遍高于中位数。会计信息透明度这一大致的上升趋势与管理层权力的下降趋势正好相反，是否显示了管理层权力与会计信息透明度间的反向影响关系，这还需要后面通过实证部分进一步检验。

表 5-3　会计信息透明度分年度的描述性统计

年份	样本数	均值	标准差	中位数	最小值	最大值
2014	1889	3.065	1.010	3	1	5
2015	1906	3.010	1.028	3	1	5
2016	1901	3.026	1.016	3	1	5
2017	1986	3.075	0.512	3	1	5
2018	2045	3.109	0.501	3	1	5

表 5-4 显示了不同行业下会计信息透明度之间的状况，从表 5-4 可知，在经过一系列趋同化处理之后，不同行业之间会计信息透明度存在一定的差异，除教育、科学研究和技术服务业会计信息透明度相较于其他行业较高之外，大部分行业平均值都维持在 3.0 左右，同时房地产业、租赁和商务服务业、公共管理、社会保障和社会组织这三个行业均值相对较低，说明这些行业在会计信息质量上仍有待提高，大部分行业标准差维持在 1.0 左右，住宿和餐饮业、公共管理、社会保障和社会组织相对其他行业离散程度较高，说明在行业内部，不同企业可能因为其治理

结构、内部规模、增长速度等因素在会计信息透明度上存在一定差异。

表 5-4　会计信息透明度分行业的描述性统计

行　业	样本量	平均值	标准差	中位数	最小值	最大值
农、林、牧、渔业	177	2.932	1.145	3	1	5
采矿业	312	3.154	0.984	3.500	1	5
制造业	5918	3.096	1.954	3	1	5
电力、热力、燃气及水生产和供应业	390	3.378	1.290	3	1	5
建筑业	260	2.991	0.937	3	1	5
批发和零售业	638	2.961	1.083	3	1	5
交通运输、仓储和邮政业	355	3.386	1.125	3.500	1	5
住宿和餐饮业	54	3.092	1.402	3	1	5
信息传输、软件和信息技术服务业	456	2.918	0.997	3	1	5
房地产业	582	2.579	1.027	2.500	1	5
租赁和商务服务业	142	2.549	1.139	2.500	1	5
科学研究和技术服务业	56	3.318	0.954	3.500	2	5
水利、环境和公共设施管理业	113	3.103	1.079	3	1	5
教育	10	4.233	0.289	4.500	4	4.500
卫生和社会工作	25	2.744	0.962	3	1.500	4
文化体育和娱乐业	132	3.181	0.996	3.500	1	4.500
公共管理、社会保障和社会组织	108	2.354	1.230	2.500	1	5

5.3.2 相关性检验

考虑到共线性问题,本章运用 STATA14.0 软件对变量进行了相关性检验,以增强回归结果的严谨性和可靠性,根据表 5-5 的检验结果可知,表中所有变量间的相关系数的绝对值均小于 0.5,绝对值的最大值为 0.408,最小值为 0.002,即顺利通过检验,各变量之间不存在多重共线性问题,模型具有较好的解释力度,为后文的实证研究奠定了基础。

同时,表 5-5 中也显示了各变量间的相关系数以及对应的显著性水平,可以对变量间的关系有大致初步的判断。其中,会计信息透明度(Tran)与内控质量(IC)负正相关,且在 1% 水平上显著,说明企业内部控制质量越高,会计信息透明度越理想。会计信息透明度(Tran)与管理层权力(Power)负相关,但相关性并不显著,管理层权力(Power)与内控质量(IC)关系在表中呈现正相关,结果显著,这与预期假设一致。在控制变量中,企业规模(SIZE)、公司业绩(ROE)、经营现金流量(OCF)和标准审计意见(AUDIT)均与会计信息透明度呈正相关关系,资产负债率(LEV)与企业成长性(GROW)与会计信息透明度呈负相关,且资产负债率与会计信息透明度呈显著的负相关,成长性与会计信息透明度符号与预期符号相反,这是由于上述相关性检验只是考察了单个变量间的相关关系,对于具体的分析,还需将单变量放入多元回归中进行考察。

第5章 管理层权力对企业信息透明度的影响

表 5–5 相关系数检验

变量	Tran	power	IC	SIZE	GROW	LEV	ROE	OCF	AUDIT
Tran	1								
Power	−0.015*	1							
IC	0.055***	0.028***	1						
SIZE	0.056***	0.113***	−0.080***	1					
GROW	−0.02	0.012	−0.027	0.101***	1				
LEV	−0.101***	−0.052***	−0.102	0.285***	0.031**	1			
ROE	0.02	0.047*	−0.037**	0.036*	−0.257	0.425**	1		
OCF	0.002	0.078***	0.079***	0.015	0.009	−0.177***	0.418***	1	
AUDIT	0.072***	0.056***	0.220***	0.152***	0.001	−0.145***	0.106***	0.123***	1

注：*、**、*** 分别代表 10%、5%、1% 的显著性水平。

5.3.3 回归分析

5.3.3.1 管理层权力与会计信息透明度的实证检验

在表5-6中列示了管理层权力与会计信息透明度的回归结果，管理层权力（Power）的回归系数为负（-0.065），且在5%的统计水平上显著（t值为-3.45），说明管理层权力越大，企业会计信息透明度越低。表5-7的结果也证实了这一论点，从而验证了假设1。同时，从表中还发现，企业规模与会计信息透明度的回归系数为正（0.133），在1%的统计水平下显著（t值为9.12）。这是由于规模大的公司拥有更多的资源，以及更加规范的治理结构和监管机制，从而其会计信息的披露也更加规范和透明，而小规模的企业可能监管混乱，管理层容易利用其职务之便钻空子，隐瞒或捏造会计信息。成长性与会计信息透明度的回归系数为负（-0.002）且不显著，这可能是因为企业的增长速度过快，在过分关注营利能力，发展速度的同时忽略了内部会计信息质量的提高。资产负债率与会计信息透明度的回归系数为负（-0.642），在1%的统计水平下显著（t值为-9.63）。这主要是因为财务杠杆高的公司其风险相对较高，当企业面临高财务风险时，往往会选择负债作为其主要融资渠道，为了取得投资者的信任和提升投资者信心，管理层往往更有动机对相关会计信息选择性披露或披露不实的会计信息。经营现金流量（OCF）与会计信息透明度负相关，且在1%水平上显著，说明企业为盲目追求净利润的提高，可能存在调整可操纵性应计利润来影响会计信息质量的行为。审计意见（AUDIT）与会计信息透明度正相关（系数为0.257），且在1%水平上显著，说明外部审计监督对于提高会计信息透明度存在促进作用。营利能力（ROE）对会计信息透明度的回归系数为0.014且不显著，说明相对于其他变量，此变量对会计信息透明度影响不明显，但在参考前人研究的基础上，出于控制公司营利能力的目的，仍将其列为控制变量进行回归，从而增强研究的严谨性。

表5-6　　管理层权力与会计信息透明度的回归结果

变量	被解释变量（Tran）	
	回归系数	P > |t|
Power	-0.065 ** (-3.45)	0.046
SIZE	0.133 *** (9.12)	0.000
GROW	-0.002 (-1.56)	0.182
LEV	-0.642 *** (-9.63)	0.000
ROE	0.014 (1.84)	0.120
OCF	-0.359 *** (-5.12)	0.000
AUDIT	0.257 *** (2.67)	0.009
Constant	0.790 *** (4.08)	0.002
IND	已控制	
YEAR	已控制	
N	9727	
R - squared	0.053	

注：** 、*** 分别代表5%、1%的显著性水平。

5.3.3.2 内部控制质量对管理层权力与会计信息透明度二者关系的实证检验

表5-7列示了回归结果,根据该表,在引入了管理层权力与内部控制质量交乘项之后进行回归发现,管理层权力的回归系数为负(-0.819),且在1%的统计水平下显著,说明随着管理层权力的增大,会计信息透明度会降低;内部控制质量的回归系数为正(0.136),且在5%统计水平上显著,说明内部控制质量越高,会计信息透明度越高,这与前述结论一致,管理层权力与内部控制交互项(Power×IC)与会计信息透明度回归系数为正(0.108),且在1%水平上显著,说明在内部控制较好的企业,高质量的内部控制可以对管理层权力形成制约和监督,抑制管理层进行盈余管理的行为,从而降低管理层操纵会计信息的可能性,从而提高会计信息质量。

表5-7 内部控制质量对管理层权力与会计信息透明度关系的影响回归结果

变量	Tran	
	回归系数	P > |t|
Power	-0.819*** (-2.47)	0.005
IC	0.136** (2.49)	0.019
Power × IC	0.108*** (2.52)	0.004
SIZE	0.098*** (8.21)	0.000

续表

变量	Tran	
	回归系数	P>|t|
GROW	-0.011 (-1.26)	0.308
LEV	-0.676*** (-8.62)	0.000
ROE	0.018* (1.89)	0.097
OCF	-0.401*** (-5.73)	0.000
AUDIT	0.215** (2.41)	0.023
Constant	0.306 (0.89)	0.364
IND	已控制	
YEAR	已控制	
N	9727	
R-squared	0.056	

注：*、**、***分别代表10%、5%、1%的显著性水平。

5.4 进一步分析

5.4.1 不同股权集中度下内部控制的不同影响

Berle and Means（2009）研究发现，分散的股权不利于股东对管理层的有效监督。分散的股权使股东无法形成"合力",众多小股东只是关注股票价格而忽视了股东监督职能的发挥,股东将不会有足够的动力来监督管理层(Grossman and Hart, 1980)。因此,在股权集中度较高的情况下,股东能够更好地关注公司内部治理,并进一步加强对管理层权力的监督,内部控制在制约管理层权力对会计信息透明度影响上可能会更有效果。为验证在不同股权集中度下管理层权力对会计信息透明度的影响,本章选取了前十大股东持股比例来衡量股权集中度,按照中位数将样本分成两组,前十大股东持股比例样本小于中位数的定义为低股权集中度,否则为高股权集中度。表5-8列示了在低股权集中度组和高股权集中度组下管理层权力和会计信息透明度间的关系,通过比较两组间管理层权力与会计信息透明度的回归系数以及显著性可以发现,低股权集中度组管理层权力与会计信息透明度的回归系数为-0.768,在10%的统计水平上显著,管理层权力与内部控制质量交乘项系数为0.262,在10%的统计水平上显著,而在高股权集中度组,管理层权力与会计信息透明度的回归系数为-0.564,在5%的统计水平上显著,管理层权力与内部控制质量交乘项系数为0.206,在5%的统计水平上显著。可以看出,在不同股权集中度下,内控对于管理层权力对会计信息的影响都有抑制作用,而高股权集中度的公司中,内控的抑制作用则更为明显。这是由于股权集中度高的公司所有者会更加关注公司治理,从而会更加强化内部控制对管理层的监督和约束,减弱管理层权力对会计信息透明度的负面影响。

表 5–8 不同股权集中度下内控对管理层权力与会计信息透明度的影响回归结果

变量	低股权集中度（Tran）		高股权集中度（Tran）	
	回归系数	P>|t|	回归系数	P>|t|
Power	-0.768* (-2.43)	0.069	-0.564** (-2.52)	0.044
IC	0.118 (1.19)	0.305	0.264** (2.76)	0.032
Power×IC	0.262* (1.78)	0.075	0.206** (1.97)	0.049
SIZE	0.103*** (5.96)	0.000	0.100*** (5.20)	0.000
GROW	-0.030*** (-3.54)	0.000	-0.000 (-1.18)	0.238
LEV	-0.657*** (-6.93)	0.000	-0.784*** (-5.15)	0.000
ROE	0.012 (1.20)	0.229	0.897*** (2.67)	0.008
OCF	-0.211* (-1.91)	0.056	-2.713*** (-3.98)	0.000
AUDIT	0.203** (2.04)	0.042	0.200 (1.16)	0.247
IND	已控制		已控制	
YEAR	已控制		已控制	
Constant	0.583 (0.566)		-0.296 (0.861)	
R-squared	0.049		0.065	

注：*、**、***分别代表10%、5%、1%的显著性水平。

5.4.2 不同产权性质下内部控制的不同影响

为了进一步分析在国有企业和非国有企业中管理层权力对会计信息透明度的影响上是否存在差别,将样本按照产权性质分为国有企业和非国有企业,进行分组回归,进一步探究两组企业管理层权力对会计信息透明度的影响差异的具体表现。从表5-9中可以看出,非国有企业组管理层权力与会计信息透明度间的回归系数为负(-0.282),但不显著,管理层权力与内控质量的交乘项系数为正(0.043),也不显著。但在国有企业中,管理层权力对会计信息透明度有显著的负向影响(系数为-1.084),且管理层权力与内控质量的交乘项系数为正,在10%水平上显著。这是因为在国有企业中,除了盈利指标,国有上市公司会受到更多的法律、市场、政策以及上级政府部门的多重监管,所以其更加注重内部控制建设,内部控制对管理层权力的制约作用会更加强烈。而在非国有企业中,由于委托代理问题的普遍存在,特别是在我国目前法律监管制度环境尚不健全的条件下,非国有企业内部治理机制不够完善,管理层权力受内部控制的约束较小,其进行盈余管理操控会计信息的动机更加强烈。

表5-9 不同产权性质下内控对管理层权力与会计信息透明度的影响回归结果

变量	非国有企业(Tran)		国有企业(Tran)	
	回归系数	P>|t|	回归系数	P>|t|
Power	-0.282 (-1.68)	0.215	-1.084* (-1.29)	0.092
IC	0.168 (1.49)	0.106	0.154 (1.65)	0.196

续表

变量	非国有企业（Tran）		国有企业（Tran）	
	回归系数	P>|t|	回归系数	P>|t|
Power×IC	0.043 (1.60)	0.414	0.336* (0.94)	0.078
SIZE	0.0792*** (3.77)	0.000	0.0820*** (3.53)	0.000
GROW	-0.0313 (-1.87)	0.368	-0.0227 (-0.92)	0.112
LEV	-0.629*** (-4.69)	0.000	-0.520*** (-5.65)	0.000
ROE	0.0238** (0.87)	0.028	0.0821 (2.93)	0.459
OCF	0.0756 (1.62)	0.840	0.654 (0.29)	0.193
AUDIT	0.153 (2.40)	0.115	0.229* (1.98)	0.057
IND	已控制		已控制	
YEAR	已控制		已控制	
Constant	0.853 (1.18)		0.738 (1.73)	
R-squared	0.042		0.069	

注：*、**、***分别代表10%、5%、1%的显著性水平。

5.5 稳健性检验

现有文献中对会计信息透明度的衡量主要有两种方式,因此,本章在稳健性检验中利用修正的琼斯模型来衡量会计信息透明度,该变量值越大,说明会计信息透明度越低。将其代入主回归模型中分别进行检验,以探究上述结论是否仍然成立。表 5-10 列示了管理层权力与会计信息透明度的稳健性检验结果。根据表中结果可知,管理层权力与会计信息透明度的回归系数符号为正(回归系数为 0.119),且在 10% 的统计水平下显著(t 值为 1.87),且各控制变量的回归系数和显著性均与上文所表达关系基本一致。

表 5-10 管理层权力与会计信息透明度的回归结果

变量	Trans2	
	回归系数	P > |t|
Power	0.119 * (1.87)	0.093
IC	-0.076 *** (-5.69)	0.000
Power * IC	-0.036 * (-1.91)	0.098
SIZE	-0.016 *** (-4.75)	0.000
GROW	-0.000 ** (-2.76)	0.014
LEV	0.147 *** (6.90)	0.000

第5章 管理层权力对企业信息透明度的影响

续表

变量	Trans2	
	回归系数	P > |t|
ROE	0.000 (0.06)	0.958
OCF	0.148 *** (3.72)	0.000
AUDIT	-0.075 *** (-2.87)	0.004
IND	已控制	
YEAR	已控制	
Constant	0.962 *** (12.43)	
N	9727	
R - squared	0.048	

注：*、*** 分别代表10%、1%的显著性水平。

同时利用该衡量方式对进一步分析中的回归也进行了重新分析，在不同股权集中度下及产权性质不同的企业中内部控制对管理层权力与会计信息透明度二者关系的影响结果，高股权集中度下内控对管理层权力与会计信息透明度的抑制作用更加明显，与前文的回归结果一致。国有企业和非国有企业中，管理层权力越大，会计信息透明度越低，内部控制都对管理层权力影响会计信息透明度上存在抑制作用，但都不显著，这可能与所选取的被解释变量有关，但在国有企业，管理层权力与内控质量的交乘项系数显著性小于非国有企业，这在一定程度上也和之前研究结论存在一致性。由此可见，结果具有稳健性。

5.6 本章小结

在企业经营管理过程中,管理者决定了对外信息披露的真实性和完整性,但由于信息不对称和代理问题的存在,管理层通过操纵会计信息披露来谋取私利的行为屡见不鲜,管理层这种自利行为必然会对会计信息透明度产生不利影响,而权力作为管理层影响企业经营运作的重要因素,管理层必然会凭借其信息决策权来实现其寻租行为。本章以会计信息透明度为研究对象,通过实证检验,论证了管理层权力对会计信息透明度的影响,以及内部控制在这一过程中所起到的不同作用。研究结果表明:管理层权力越大,会计信息透明度越低;内部控制是管理层权力影响会计信息透明度的调节变量,能够在一定程度上抑制管理层权力对会计信息透明度的负向影响;在股权集中度较高的企业中,内部控制的这种抑制作用更加明显;相对于非国有企业,国有企业中内部控制对于管理层权力对会计信息透明度的抑制作用更加突出。

管理层权力对企业成长性的影响

发展国家资本市场是我国的战略任务,而上市公司作为我国社会主义市场经济中最重要的微观主体,是中国资本市场的基石,成为推动并决定国民经济发展速度和水平的中坚力量。然而我国上市公司的成长能力良莠不齐,有的公司成长潜力大为公司带来巨大收益,而有的公司成长性较低导致连年亏损甚至面临退市风险,这已经影响到我国资本市场乃至整个国民经济的健康发展。据不完全统计,2013—2018年有将近400家上市公司面临退市风险。表6-1中的统计数据显示近六年沪深两市被＊ST或ST的公司数量,总体上看,沪深两市中被暂停上市的公司数量逐年增加,初步显现了上市公司的成长问题。

企业成长性代表了企业的未来发展潜力,不仅对于企业的管理者、投资者等相关利益主体具有重要的意义,而且对于国家整体经济意义重大。在上市公司两权分离的经济背景下,管理层作为公司的主要经营者，管理层权力特征对上市公司的成长起着怎样的作用？管理层权力集中对企业而言究竟是利还是弊？

表6-1 沪深暂停上市公司统计

年份	上海证券	深圳证券	总计
2013	31	28	59
2014	24	24	48
2015	29	25	54
2016	31	39	70
2017	43	32	75
2018	48	37	85
总计	206	185	391

资料来源：作者根据 CSMAR 数据库的相关数据统计所得。

除了公司内部管理者对公司成长性的影响外，机构投资者通过参与公司外部治理影响管理者，对公司的成长与发展举足轻重。为促进投资机构发挥积极的作用，我国不断完善与之相关的法规。1997年，《证券投资基金管理暂行办法》的颁布拉开了我国机构投资者发展的序幕；2001年证监会提出"超常发展机构投资者"；2004年国务院提议培育一批既诚信又守法的专业机构投资者；2008年证监会提出积极引导机构投资者参与期货投资，进一步完善投资者结构；2017年党的十九大报告指出，金融是现代企业的核心，为了增强企业的融资能力需要改革金融体制，其中一项就是引领各类投资者积极参与资本市场投资，全面促进机构投资者成长。在一系列政策的支持下，机构投资者的类型逐渐多元化且资金规模逐渐扩大，参与上市公司持股的比例也逐渐增大，成为国家投资力量的中流砥柱。相对于普通投资者，机构投资者持有被投资单位较多股份，两者因股权关系紧密联系在一起，当公司经营失利时，传统的用脚投票方式会给机构投资者带来较大损失。为了更好地维护自身利益，机构投资者有理由参与到公司经营管理中，通过监督管理者实现治理作用，帮助公司提高盈利水平，实现长远发展。机构投资者在管理层权力对企业成长性的作用中发挥了什么样的影响？以往研究对此并未涉及。本章从管理层权力出发，探讨企业成长性的影响因素，并通过研究机构投资者的作用，来研究机构投资者的外部治理效应。

6.1 文献回顾与研究假设

6.1.1 管理层权力与企业成长性的关系

Solvay and Sanglier（1998）提出企业的成长是企业了解并发掘企业的特点，通过积累并提升企业内部的资源、能力、知识等获得成长的过程。管理者作为企业的实际经营者和控制人，管理者不同的特征会影响到其对公司的管理效率。Kakati（2003）提出发现管理者素质对企业发展的作用不言而喻，高素质的管理者能更好地促进企业发展。Eisenhardt and Schoonhoven（1990）认为随着管理者在公司中管理时间的增加，其对公司了解得更加全面，对企业绩效的正向影响也更大。Amason and Shrader（2006）通过研究发现，在公司所处环境风险较高时，管理者的受教育水平和专业异质性则会显著抑制公司成长和绩效。进一步的，黄昕等（2010）通过对我国中小板企业进行研究发现，高层管理团队的受教育水平较高时能够促进公司的成长，而管理者的专业具有工程背景或者异质性较高时则会抑制公司成长。彭中文等

(2018)研究发现高管团队任期较长、受教育程度较高有利于促进高科技企业成长，但高管团队的职业经历过多不利于高科技企业成长。朱永明和赵少霞（2017）研究证实，在创业板市场上管理层权力综合指标对公司成长性具有显著正向影响。进一步深入分析发现，管理者的受教育水平较高以及总经理与董事长由一人担任时能显著促进公司成长，管理者任职期限较长时会抑制公司成长，而管理者在外部任职对公司无太大影响。白贵玉和徐鹏（2019）经过研究证明管理层权力对公司成长具有正向作用，研发投入在二者关系中具有部分中介作用。管理层作为公司的管家，其权力对公司成长发展具有重要影响，具体体现在：首先，管理层持有较高股份以及 CEO 与董事长由同一人任职情形下，管理层会有很大可能会与董事会、大股东形成统一战线，经营目标趋同的情形下，各方会更加协调地实施公司经营决策，最大限度地发挥协同效应，帮助公司实施其战略决策，将其落实并有效地执行，实现公司的战略目标。其次，管理层权力越大，越能利用自身掌握的权力整合资源，通过政治关系、结交商业精英或利用董事会关系等渠道组建公司特有的关系网络，不仅能获得更多外部认同，还能更好地获得外部技术支持和信息资源帮助企业成长。最后，管理者权力越强，越容易使员工信赖与跟从，管理层的控制能力较强，对公司的掌控度也较高；同时，管理层也能更灵敏地辨认环境中的机遇与威胁，并根据公司自身状况及时制订应对策略，真正从市场及经济环境入手，寻找适合公司的最优选择，提升企业的持续发展能力。基于以上分析提出假设1：

H1：管理层权力与企业成长性之间成正相关，即管理层的权力越大，企业的成长性也会得到提升。

6.1.2 机构投资者在其中的促进作用

国内外的大量研究结果表明,在现代公司治理框架中引入机构投资者能影响企业的经营管理情况。Chaganti et al.(1991)以资产回报率来衡量公司业绩,通过实证研究发现机构持有公司股份比例越大,公司的业绩水平越高。Mitrag and Cready(2005)认为机构投资者因为比较专业且投资规模较大,其不仅有动机监督并约束管理者和大股东,而且有能力和资源通过各种途径影响公司管理,从而对公司产生积极影响。伊志宏和李艳丽(2013)总结发现专业的投资机构主要通过以下三种方式影响公司。第一种方式是传统的用脚投票,即当机构投资者不满意公司当前的治理现状时,可以通过抛售公司股票放弃公司,大量的抛售公司股票无论是对公司还是对投资者而言都是一种损害;第二种途径则是利用自己的股东身份向公司派遣监督者来参与公司治理,通常是选取董事代表维护自身权益;第三种则是法律诉讼,当自身权益被侵害时,机构投资者可以以股东身份向管理者提起诉讼。这三种方式可以督促管理层履行勤勉义务。李艳丽等(2012)研究证实了专业的投资机构投资公司时能显著降低管理者的在职消费水平,提升公司绩效水平。齐鲁光和韩传模(2015)研究发现机构投资者的介入能够缓解管理层权力集中引发的代理问题,提高公司的现金分红水平,维护了市场上中小投资者的利益。黄启新(2017)发现随着高管权力的提高,公司的过度投资与投资不足行为都会加重,而稳健型机构投资者能够抑制高管的这种行为,提高公司的投资效率。故,机构投资者能够监督和促进管理层的行为,使其最大化地符合企业的发展和成长的需要。基于此提出假设2:

H2:机构投资者持股比例越高,越能促进管理层权力对企业成长性的正向作用。

6.2 研究设计

6.2.1 样本数据来源

本章的样本选自 2013—2018 年度我国沪深 A 股上市公司，并对这些样本进行了以下筛选：①剔除金融行业的上市公司；②剔除数据异常和其他财务数据缺失的公司。再对得出的最终样本数据利用 Stata14.0 软件进行处理，研究上述管理层能力、权力对公司成长性的影响，从而更有针对性地提出政策建议。本章使用的数据主要来自于国泰安数据库及锐思数据库。

6.2.2 变量定义与模型设定

6.2.1.1 变量定义

（1）公司成长性。公司成长性的内涵主要是指公司规模的增速，规模的增长主要体现在公司投入和产出两个方面。其中，产出角度的公司规模增长通常指产品产量或销售收入的增长率，投入角度的公司规模增长通常指企业的资本要素（如总资产）或劳动投入（员工数量）的增长率。基于对数据获得难易程度和综合反映指标内涵的考虑，本章在借鉴前人研究的基础上，采取营业收入增长率衡量公司成长性，同时在稳健性检验中用总资产增长率作为公司成长性的替代指标。

（2）管理层权力。在前面第 3 章管理层权力的测度中已经明确指明其计量方法，采用主成分分析法，以后的检验均适用。

（3）调节变量。机构投资者：即持有公司股份的所有机构投资者当期持股比重之和，本章的对该指标取四个季度的加权平均值计算。此外,为了研究机构投资者对管理层权力与公司成长性间关系的影响,本章引入机构投资者与管理层权力的交乘项进行探究。本章有关机构投资者持股的数据主要是从锐思数据库中收集。

(4) 控制变量。借鉴前人对公司成长性的研究,本书对以下各变量进行必要的控制:

①公司规模。由规模递减效应可知,在公司发展的初期,公司各方面的投入都能促进公司快速的增长,此时公司的规模增长能促进公司增长。而随着公司逐渐发展进入成熟期,公司规模的增长对公司成长的影响越来越小,且由于过大的公司规模和公司内部逐渐出现的官僚作风会消耗管理资源,反而会降低管理的效率,阻碍公司成长。因而本章在研究时控制了资产规模因素。

②财务杠杆水平。公司财务杠杆对公司成长的影响是双面的,一方面适当的财务杠杆会提高公司的净资产收益率,另一方面过高的负债会增加公司的财务风险。

③营利能力。用营业利润率衡量,通常营利能力较高的公司能够为公司的发展提供较多的资金,对公司成长产生积极影响。

④第一大股东持股比例。公司的大股东通常有能力参与到公司经营过程中,对公司成长产生影响。而当大股东持股比重过高时,大股东有动机进行隧道挖掘,损害小股东和公司利益,这会阻碍公司成长。

⑤产权性质。通常根据所有权性质将其划分为国有与非国有企业。公司的产权性质不同,其获取资源的能力有所差异,进而对公司成长性产生影响。

⑥公司经营年限。通常随着公司经营时间的增加,公司由初创期进入成长期再进入衰退期,公司的成长能力也会随之变化,因此本章也将公司经营年限作为控制变量。

⑦年度与行业虚拟变量。考虑到不同年份和行业宏观经济环境的差异可能会影响到公司的发展,本书还引入年度和行业虚拟变量来控制他们对公司的影响。

(5) 相关变量定义如表6-2所示:

表6-2 研究变量及其定义表

变量类型	变量名称	变量符号	变量定义
被解释变量	公司成长性	Growth	由营业收入增长率衡量,值越大表明公司成长潜力越大
解释变量	管理层权力	MP	利用主成分分析方法计算出权力的综合指标,值越大表明权力越大
交互变量		MA×MP	管理层能力和权力的交乘项,用于检验两者的交互作用
调节变量	机构投资者	IInvestor	四个季度所有机构投资者持股比例的加权平均数
控制变量	公司规模	Size	总资产的自然对数
	财务杠杆率	Lev	资产负债率
	盈利能力	OP	营业利润率,即营业利润/总资产
	第一大股东持股比例	Top1	公司的第一大股东持有股份比例
	产权性质	Nature	当上市公司为国企时,取值为1,否则取值为0
	公司经营年限	Eyear	公司成立到当年的时间长度
	年度虚拟变量	Year	根据区间跨度时间设置
	行业虚拟变量	Indcd	制造业公司取1,其他的取0

6.2.1.2 模型设定

为了验证假设1,建立如下模型:

第6章 管理层权力对企业成长性的影响

$$Growth = \alpha_0 + \beta_2 MP + \beta_3 Size + \beta_4 Lev + \beta_5 OP + \beta_6 Top1$$
$$+ \beta_7 Natuer + \beta_8 Eyear + \beta_9 Year\_Dummies$$
$$+ \beta_{10} Indcd\_Dummies + \varepsilon \qquad (6-1)$$

为了验证假设2，建立如下模型：

$$Growth = \alpha_0 + \beta_2 MP + \beta_3 IInvestor + \beta_4 MP \times IInvestor + \beta_5 Size$$
$$+ \beta_6 Lev + \beta_7 OP + \beta_8 Top1 + \beta_9 Natuer + \beta_{10} Eyear$$
$$+ \beta_{11} Year\_Dummies + \beta_{12} Indcd\_Dummies + \varepsilon$$
$$(6-2)$$

模型（6-2）检验机构投资者是否为管理层特征影响公司成长性的调节变量，用于检验调节效应。当 $\beta 4 > 0$ 时，机构投资者对管理层特征和公司成长性的关系有正向的调节作用；当 $\beta 4 < 0$ 时，机构投资者对管理层特征和公司成长性的关系有负向的调节作用。

6.3 实证结果与分析

6.3.1 描述性统计

在实证检验前，为了缓和极端值带来的影响，本章先对数据进行了缩尾处理。表6-3为本章主要变量的全样本描述性统计结果。从表中可以看出，公司成长性（Growth）的最大值为0.6178，均值为0.1208，最小值为-0.2881，表明上司公司的成长性不高，甚至有部分公司处于负增长状态，由此可见，上市公司的成长性有待提高，这也证明了本章的研究意义。从管理层权力（MP）角度来看，样本均值为0.0256，最大值为1.6598，最小值为-1.3154，说明整体管理层权力水平不高，但不同企业间权力水平有一定差异。机构投资者持股（IInvestor）比例的均值为0.2563，最大值为0.7508，表明大部分上市公司有机构投资者参与投资，当机构投资者持有比例较高时，机构投资者会为了自身利益参与公司经营管理过程中，对公司成长性产生影响。公司规模（Size）的均值是22.1274，最大值为27.5618，最小值为19.5757，因为该变量为了在原始数据的基础上缩小波动幅度已经经过了取自然对数的处理，因而这意味着不同公司间总资产规模差别较大。公司的资产负债率（Lev）的最大值为0.9513，最小值为0.0558，均值为0.4327，不同公司之间负债水平差异较大。公司的营利能力（OP）的最大值为0.5862，最小值为-0.9518，表明不同公司直接营利能力差异较大，且我国上市公司整体营利能力偏低。第一大股东持股比例（Top1）的最大值为75.0125，均值为34.3883，说明在我国上市公司中大股东控制现象较为普遍，大股东对公司发展有较大影响。产权性质（Nature）的中位数为0.3453，这意味着我国上市公司大部分为非国有企业。公司成立时间（Eyear）的最大值为32.0000，最小值为5.0000，均值为17.0000，不同公司成立年限有所差异，所处的生命周期也有所差异。

表6-3　　　　　　　　全样本描述性统计

变量	样本数	均值	中位数	标准差	最小值	最大值
Growth	9727	0.1208	0.1018	0.2702	-0.2881	0.6178
MP	9727	0.0256	-0.0798	0.6702	-1.3154	1.6598
IInvestor	9727	0.2563	0.1569	0.2347	0.0000	0.7508
Size	9727	22.1314	21.8090	1.5033	19.5757	27.5618
Lev	9727	0.4327	0.3967	0.2248	0.0558	0.9513
OP	9727	0.0834	0.0787	0.2049	-0.9518	0.5862

续表

变量	样本数	均值	中位数	标准差	最小值	最大值
Top1	9727	34.3883	32.3694	14.8809	8.5671	75.0125
Nature	9727	0.3453	0.0000	0.4917	0.0000	1.0000
Eyear	9727	17.4045	17.0000	5.6412	5.0000	32.0000

表6-4列示了分行业的公司成长性描述性统计，从表中可以看出，目前上市公司大多为制造业公司，不同行业之间公司成长性略有差异。大部分行业公司成长性偏低，但也有行业公司成长性表现较好，其中信息相关行业，租赁和商务服务业，教育业、科学研究和技术服务业以及卫生行业成长性均值大于0.15，说明上述行业的公司成长情况较好。但从所有上市公司总体来看，公司成长情况不容乐观。

表6-4　　　公司成长性分行业描述性统计

行业	样本数	均值	中位数	标准差	最小值	最大值
农、林、牧、渔业	177	0.0789	0.0612	0.3620	-0.2981	0.6178
采矿业	312	0.0525	0.1060	0.2580	-0.2981	0.6178
制造业	5980	0.1236	0.1201	0.2435	-0.2981	0.6178
电力、热力、燃气及水生产和供应业	390	0.0836	0.0734	0.2073	-0.2981	0.6178
建筑业	260	0.1389	0.1217	0.2104	-0.2981	0.6178
批发和零售业	638	0.0906	0.0856	0.2992	-0.2981	0.6178
交通运输、仓储和邮政业	355	0.1225	0.0718	0.3171	-0.2981	0.6178
住宿和餐饮业	54	0.0207	-0.0053	0.2102	-0.2981	0.6178
信息传输、软件和信息技术服务业	456	0.1703	0.1283	0.2685	-0.2981	0.6178

续表

行业	样本数	均值	中位数	标准差	最小值	最大值
房地产业	582	0.1448	0.1420	0.3092	-0.2981	0.6178
租赁和商务服务业	142	0.1590	0.1276	0.2506	-0.2981	0.6178
科学研究和技术服务业	56	0.1609	0.1362	0.2393	-0.2981	0.6178
水利、环境和公共设施管理业	113	0.1509	0.1400	0.2538	-0.2981	0.6178
教育	10	0.1748	0.1625	0.2912	-0.1383	0.6178
卫生	25	0.2658	0.2810	0.2260	-0.2981	0.6178
文化体育和娱乐业	132	0.1343	0.1277	0.2365	-0.2981	0.6178
综合	108	0.0652	0.0334	0.2980	-0.2981	0.6178
合计	9727	0.1304	0.1161	0.2249	-0.2981	0.6178

6.3.2 相关性分析

表6-5列示了各研究变量之间的相关系数。从表中可以看到，公司的成长性与管理层能力和权力之间的相关系数都为正数，且在1%的水平上显著，这与预期较为一致，说明较高的管理层权力对公司的发展造成一定的积极影响。从表中还可以看出，机构投资者持股比重与公司成长性的相关系数为0.048，且较为显著，说明机构投资者对公司成长有积极作用。大部分研究变量之间的相关系数小于0.5，说明变量之间不存在显著的高度相关问题。同时，由于上述各变量之间的关系还会受到其他因素的影响，因而相关系数分析只能大概描述不同变量之间的关系，准确结果尚待进一步研究。

第6章 管理层权力对企业成长性的影响

表6-5 相关性分析

变量	Growth	MP	IInvestor	Size	Lev	OP	Top1	Nature	Eyear
Growth	1.000								
MP	0.094***	1.000							
IInvestor	0.048***	-0.128***	1.000						
Size	-0.008	-0.275***	0.189***	1.000					
Lev	-0.034***	-0.244***	0.090***	0.518***	1.000				
OP	0.238***	0.063***	0.049***	0.038***	-0.230***	1.000			
Top1	-0.030***	-0.195***	0.122***	0.209***	0.050***	0.122***	1.000		
Nature	-0.147***	-0.465***	0.164***	0.372***	0.288***	-0.061***	0.199***	1.000	
Eyear	-0.060***	-0.175***	0.183***	0.110***	0.181***	-0.047***	-0.076***	0.240***	1.000

注：***代表1%的显著性水平。

6.3.2 回归分析

6.3.2.1 管理层权力与公司成长性

表6-6列示了管理层权力与公司成长性的回归结果,从表中可以看出,管理层权力(MP)特征与公司成长性的回归系数均为正,且在5%的水平上显著。管理层权力对公司成长性的回归系数为0.007,验证了假设1。本章通过检验发现管理层权力对公司成长性有积极影响,表明当管理层权力较大时,可以更好地提高公司决策的执行效率,促进公司成长,且管理层不会为了自身利益利用权力侵害公司利益。这是由于根据现代管家理论,身居高位的管理层虽然具有较大的权力,但是在责任、声誉和成就需求的影响下,管理层可能更关心公司的长期利益与自己的长期职业发展目标,在两者目标一致的情况下,管理层会为了长期职业发展目标积极维护公司利益,促进企业成长。此外,从表6-6中还可以发现,控制变量中资产规模(Size)、营利能力(OP)的回归系数为正,表明公司的资产总额和营利能力为公司的发展保证充足的资金来源,对公司成长性有积极作用;资产负债率(Lev)的回归系数也为正,表明适当的负债融资能够为公司提供资金来源,从而促进公司成长;第一大股东持股比例(Top1)的回归系数显著为负,这验证了大股东持有股份过高时会为自身利益损害公司发展;公司产权性质(Nature)的回归系数同样显著为负,表明国有企业的成长能力相对会低于非国有企业;公司经营年限(Eyear)的回归系数为负,说明随着公司经营年限的增加,公司的成长潜力在逐渐下降;地区GDP的回归系数显著为正,这表明上市公司所属省份的经济发展状况会影响到公司的成长发展。

表 6-6　　管理层权力与公司成长性的回归结果

变量	被解释变量（Growth）	
	回归系数	P > |t|
MP	0.0072 ** (2.53)	0.033
SIZE	0.004 *** (2.24)	0.023
Lev	0.071 ** (6.31)	0.000
OP	0.285 *** (26.76)	0.000
TOP1	-0.001 (-4.68)	0.000
Nature	-0.056 *** (-12.56)	0.001
Eyear	-0.002 (-5.09)	0.000
Constant	-0.039 (-0.830)	0.241
IND	已控制	
YEAR	已控制	
N	9727	
R - squared	0.104	

注：**、*** 分别代表 5%、1% 的显著性水平。

6.3.2.2　机构投资者的调节作用的实证结果

作为公司非常重要的利益相关者，机构投资者会因为所持有的公司股份较高而考虑基于切身利益的关联而参与到公司治理中去，并通过专业特长来监督管理层，并通过提案影响公司的内部治理，对企业产生积极影响。为了进一步探究机构投资者在其中所起的作用，在回归模型中引入管理层权力与公司成长性的交乘项，通过交乘项的符号及显著性来判断机构投资者对管理层权力与公司成长性关系的影响。表6-7列示了管理层权力、机构投资者及两者交乘项对公司成长性的回归结果，机构投资者与管理层权力的交乘项（MA×IInvestor）系数为0.036，且在5%的水平下显著，假设2通过验证。这表明机构投资者能显著促进管理层权力对公司成长性的正向影响，说明机构投资者在较高持股比例的情况下，有能力参与到公司治理中，通过监督并影响管理者的行为进行，使管理者履行好自己的职责，成为公司忠实的管家，从而促进公司成长。

表6-7 机构投资者对管理层权力与公司成长性关系的影响的回归结果

变量	Growth
MP	0.002
	(0.65)
IInvestor	0.048***
	(6.18)
MP × IInvestor	0.036**
	(2.51)
Size	0.002
	(1.32)
Lev	0.075***
	(6.76)
OP	0.289***
	(25.35)

续表

变量	Growth
Top1	-0.001*** (-5.34)
Nature	-0.059*** (-13.62)
Eyear	-0.002*** (-6.526)
Constant	-0.019 (-0.34)
Year	已控制
Industry	已控制
Observations	9727
R-squared	0.123

注：**、***分别代表5%、1%的显著性水平。

6.4 进一步分析

上文的回归分析检验了本章的两个假设，明确了管理层权力对公司成长性的具体影响和机构投资者持股对二者关系的影响作用。但是，由于公司在不同的生长阶段的现金流量、两权分离程度、管理层权力等有所差异，上述差异会对管理层决策的效率产生直接影响，因此应当对处于不同成长阶段企业区分研究管理层权力对成长性的影响。其次，公司所处的外部环境同样也会对公司发展产生不同的影响，公司所处的行业竞争程度不同也会影响管理层决策的执行效率，因此，有必要进一步讨论在不同的行业竞争程度的影像下，管理层权力对公司成长的影响。上文通过实证检验验证了管理层权力特征对公司成长的影响，为了丰富研究层次，本章进一步分析了在不同的生命周期与行业竞争环境下，管理层权力特征对公司成长性的作用有何差异。

6.4.1 不同生命周期下的影响差异

根据生命周期理论，企业在不同的发展阶段，其组织结构、公司规模、管理团队等各方面都会有所差异，上述差异对管理者经营的效率有直接影响。处于初创期的企业，企业规模通常较小且生产经营模式单一，企业的经营者通常就是所有者，此时经营者权力最大，企业的发展取决于管理者的才能。随着企业的组织规模和经营的规模的扩大，企业进入成长期，此时企业各个方面都在快速增长，单一的所有者经营已经不能满足企业的需求，为了促进企业的发展需要聘请专业的管理者，这个时期公司内在增长潜力较大，管理者能力和权力对公司成长起辅助作用。企业由成长期进入成熟期通常有以下特征：组织和经营规模还在逐渐扩大但增长速度下降，在市场上通常占有一定的市场份额，企业内部的管理组织进一步成熟，管理团队也越来越专业和成熟，此时企业内在发展潜力下降，公司成长主要靠管理者能力和权力的发挥。随着企业进入衰退期，企业可能停止增长或进入负增长状态，此时企业要想发展需从产品或市场方面创新，呈现出多元化发展的状态，而组织结构内官僚化现象导致管理者权力难以发挥作用。基于上述分析，本章从实证的角度验证企业在不同生命周期环境下管理层权力对公司成长性的影响有何不同。

由于上市公司一般都已经过了初创期，因而本章借鉴李云鹤等（2011）、宋常等（2011）的研究方法，选用企业的营业收入增长率、留存收益率、资本支出率和企业年龄等4个因素将企业划分为三个发展阶段，具体划分方法参照表6-8：

表6-8　　　　　　　　生命周期划分

变量	营业收入增长率		留存收益率		资本支出率		企业年龄	
发展阶段	特征	赋值	特征	赋值	特征	赋值	特征	赋值
成长期	高	3	低	3	高	3	低	3
成熟期	中	2	中	2	中	2	中	2
衰退期	低	1	高	1	低	1	高	1

在划分时首先将这四个指标在所有样本中按从小到大的顺序排列，用三分位法根据数据的大小分为低、中、高三组并根据指标的特征分别赋值。其次将四个指标的得分加总起来，根据观察可以发现总分处于4~12，然后分别将总分为10~12的样本划分为成长期企业，总分为7~9的样本划分为成熟期的企业，总分为4~6的样本划分为衰退期企业。

表6-9反映了管理层权力在生命周期分组下的回归结果，管理层权力对公司成长性的回归系数在成熟期最大且显著为正，在其他生长阶段为正但不显著，这说明管理者的权力特征对公司成长性的促进作用在成熟期更大，在成长期和衰退期对公司成长的促进作用不显著。这可能是因为在成长期，公司内部发展潜力较大，公司成长与发展主要靠公司自身的增长潜力，管理层作用比较小；但到了成熟期，公司内部增长逐渐缓慢，此时公司成长主要靠管理层权力和能力的发挥，管理层的作用比较大；到了衰退期，成长能力进一步下降，组织反应与协调能力下降，公司的成长能力也很低，此时管理层对公司成长的作用较小。

表 6-9　不同生命周期下管理层权力对公司成长性的回归结果

变量	成长期 Growth	成熟期 Growth	衰退期 Growth
MP	0.003 (0.62)	0.006* (1.89)	0.002 (0.15)
Size	0.003 (0.86)	0.001 (0.57)	0.014*** (4.67)
Lev	0.005 (0.34)	0.037*** (2.85)	-0.128*** (-6.11)
OP	0.281*** (8.69)	0.332*** (26.23)	0.148*** (9.26)
Top1	-0.001*** (-4.85)	-0.000 (-1.68)	0.000** (2.18)
Nature	-0.046*** (-6.30)	-0.052*** (-8.56)	-0.007 (-1.57)
Eyear	0.013*** (13.58)	0.008*** (16.64)	0.006*** (6.93)
Constant	0.061 (0.65)	-0.211*** (-3.96)	-0.479*** (-6.63)
Year	已控制	已控制	已控制
Industry	已控制	已控制	已控制
Observations	1023	7014	1690
R-squared	0.108	0.130	0.124

注：*、**、*** 分别代表 10%、5%、1% 的显著性水平。

6.4.2　不同行业竞争环境下的影响差异

产品市场竞争作为公司的外部治理机制，通过竞争充分信息比较效应和清算威胁效应显著影响了公司的经营效率,它与机构投资者一样督促管理者努力提高公司业绩与成长性。关于行业市场竞争对管理者的影响,现有的研究结果有两种不同的解释。一方面,剧烈的竞争使行业内同类的企业相互比较,除了资产等固定投入以外的管理者对公司的影响更为明显,管理者的作用显得尤为重要。且如果管理者没有努力工作导致公司经营不善甚至面临破产将对管理者的声誉以及职业前途产生威胁,因而在竞争激烈的情况下管理者必须更加努力提高经营效率。这种观点认为行业竞争能够促进管理者提高经营效率,促进公司成长。另一方面,有学者认为剧烈的竞争会使企业之间打价格战从而降低公司的预期利润,在这种情况下管理者要想达到股东的预期就需要付出更多的努力,这会降低管理者的经营效率。这种观点认为激烈的竞争会侵蚀公司预期利润,阻碍公司发展。以上两种不同的观点使行业竞争对管理效率的作用变得不确定,因此,本章对行业竞争程度进行分组,研究在不同行业竞争下管理层权力对公司成长的影响差异。

本章衡量行业竞争时借鉴大多数学者的做法选用公司的营业收入来计算,根据营业收入计算行业的赫芬达尔指数(HHI),具体的计算公式如下:

$$HHI = \sum_{i=1}^{N}\left(\frac{X_i}{X}\right)^2 = \sum_{i=1}^{N}(S_i)^2$$

其中,X 表示某个行业中所有公司的营业收入总和;X_i 表示行业中某个公司 i 的营业收入;那么 $S_i = X_i/X$ 则表示某个行业中某一公司 i 的所占有的市场份额;N 表示行业中的公司个数。通常在行业内公司总数不变的情况下,公司直接的竞争越激烈,行业内单个公司所占的市场份额越低,计算出的 HHI 就越小。因此,根据计算出的行业 HHI,大于其中位数的为强竞争行业,反之为弱竞争行业。

表6-10列示了不同行业竞争下管理层权力对公司成长性的回归结果,通过对比发现,管理层权力对公司成长性的影响在强竞争环境下的回归系数均小于在弱竞争环境下的回归系数,且在弱竞争组系数显著。其中,管理层权力在强竞争环境下对公司成长的系数为0.002,在弱竞争环境下为0.012。这表明管理层权力特征,在弱竞争环境下对公司成长的促进作用更大,这印证了观点二,即剧烈的竞争会使企业之间打价格战从而降低公司的预期利润,在这种情况下管理者要想达到股东的预期就需要付出更多的努力,这会降低管理者的经营效率和公司成长性。

表6-10 不同行业竞争下管理层权力对公司成长性的回归结果

变量	强竞争		弱竞争	
	Growth	Growth	Growth	Growth
MP		0.002 (0.40)		0.012*** (2.87)
Size	0.006** (2.53)	0.006** (2.55)	0.001 (0.62)	0.002 (0.75)
Lev	0.057*** (3.63)	0.058*** (3.65)	0.081*** (5.04)	0.085*** (5.30)
OP	0.277*** (17.14)	0.276*** (17.09)	0.286*** (17.57)	0.285*** (17.47)
Top1	-0.000*** (-2.84)	-0.000*** (-2.78)	-0.001*** (-4.50)	-0.001*** (-3.93)
Nature	-0.057*** (-9.75)	-0.056*** (-9.04)	-0.061*** (-10.12)	-0.055*** (-8.47)

续表

变量	强竞争		弱竞争	
	Growth	Growth	Growth	Growth
Eyear	-0.002*** (-4.40)	-0.002*** (-4.36)	-0.002*** (-4.18)	-0.002*** (-3.96)
GDP	0.010*** (2.75)	0.010*** (2.71)	0.007* (1.80)	0.007* (1.83)
Constant	-0.053 (-0.79)	-0.054 (-0.81)	0.033 (0.52)	0.016 (0.26)
Year	已控制	已控制	已控制	已控制
Industry	已控制	已控制	已控制	已控制
R-squared	0.118	0.118	0.090	0.090

注：*、**、***分别代表10%、5%、1%的显著性水平。

6.5 稳健性检验

上述多元回归分析结果初步揭示了管理层权力与公司成长性之间的关系，以及机构投资者持股对二者关系的影响，同时通过进一步分析验证了企业在不同生命周期和行业竞争环境下管理层权力对公司成长性影响的不同表现，但为了研究的谨慎性，还需进行稳健性检验。在稳健性检验中，对公司成长性和管理层权力指标进行替换，公司成长性用滞后一起的总资产增长率衡量，管理层权力选取两职合一、董事规模、管理层持股比重、股权分散度4个指标，分别替代指标。管理层权力（MP）的对公司成长的回归系数仍为正，且在1%的水平上显著，且大部分控制变量的回归系数与上文基本一致。本章同样也对机构投资者的调节作用也进行了稳健型检验，机构投资者与管理者权力特征交乘项（MP×IInvestor）的回归系数为正且在 1% 水平上显著，与前文回归结果一致，假设 2 通过检验且结果稳健。

6.6　本章小结

本章以 2013—2018 沪深股市所有上市公司为样本，从管理层权力角度考虑管理层特征在公司成长中所起的作用，并引入机构投资者作为调节变量，检验机构投资者是否在公司中有积极的治理作用，并对上述研究进行了稳健性检验。此外，进一步分析了企业在不同生命周期和行业竞争环境下管理层特征对公司成长性的影响差异，发现管理层权力特征与公司成长性显著正相关，表明管理层拥有适当的权力会促进企业的成长。机构投资者与管理层权力的交乘项显著为正，这说明机构投资者在持有公司较高比例股份的情况下，有动机与能力参与到公司治理中，通过监督并影响管理者的权力的发挥，使管理者做出有利于企业发展的决策和行为，从而促进公司成长。

在不同的生命周期，管理者的权力特征对成熟期公司的促进作用最大，其他阶段的影响不明显。通过对行业竞争度分组回归发现，管理层权力在弱竞争环境下作用较大。这说明在强竞争环境下，剧烈的竞争会使企业之间打价格战从而降低公司的预期利润，在这种情况下管理者要想达到股东的预期就需要付出更多的努力，这会降低管理者的经营效率和公司成长性。

第7章 研究结论与展望

　　管理层权力作为研究企业管理者特征的一个视角，从最初的管理层薪酬激励影响分析到管理层权力的经济后果分析，管理层权力对企业的影响效应一直是学术界和理论界进行深入探讨的领域和范畴。本书分别从对内的内部治理，对外的信息披露以及企业成长战略目标三个维度进行分析，探讨在企业管理层权力对企业的影响。从内由外，从表及里研究管理层权力对于现代企业的作用与意义，以期获得一些有价值的建议。本章是本书的结论部分，首先对本书的主要内部进行了概括总结；其次，本章将结合前面章节的研究发现提出相应的政策建议并总结全书的特色及创新之处；最后，指出了本书的研究局限及对未来的研究展望。

7.1 研究结论

　　本书借鉴理性经济人假设、信息不对称理

论、管理者权力理论、不完全契约理论以及公司治理理论、企业成长理论,通过对管理层权力对企业内部控制质量、会计信息透明度,以及企业成长的影响效用进行深入的理论和实证研究分析,探究他们之间的内在关系,管理层权力影响企业内部控制质量,从而影响企业的透明度,最终影响企业的成长性目标,本书扩展了管理者权力的企业影响效应研究。

具体来说,本书主要研究结论包括以下几点内容:

(1) 本书从经理自主权追溯到管理层权力的界定,分析了管理层权力的内涵。很多文献对于管理层权力与经理人自主权两个概念界定不清,相互混淆。本书认为管理层权力是管理层从外部获得的,能够影响企业经营并执行自身意愿的综合性能力。管理层利用该权力会影响到企业的战略决策、经营活动等的反应速度和执行效率,从而对公司的营利能力和成长潜力产生影响。

(2) 从企业和外部报表使用者之间建立的博弈分析来看,企业披露相关的财务会计信息虽然在短期内会和外部报表使用者的利益相冲突,但从长期来看,企业披露充分真实的信息,不仅能帮助外部报表使用者做出正确的决策,也有利于企业建立良好的社会形象,有利于企业的长期发展。

(3) 在对管理层权力对企业内部治理影响效应分析过程中,研究发现管理层权力与内部控制质量呈负相关关系,即管理层权力越大,内部控制的质量相对越差。相对于非国有企业,在国有企业中,管理层权力对内部控制质量的不利影响更大。一方面由于国有企业的所有者是国家,而非个人,难以对管理层实施全面的严格的监管,导致国企管理层容易出现以公谋私的投机现象。另一方面,国有企业相对于非国有企业,一般规模较大,社会性质较为重要,其内部控制信息的披露会对社会产生影响,并受到社会的广泛的关注,因此国有企业管理层有一定的倾向去粉饰披露的信息。股权集中度会影响管理层权力对内部控制质量的影响力度。对于股权较为分散的公司而言,管理层权力对内部控制质量的负向影响更大。因为所有者的风险和责任相对分散,所有者会出现自己不付出而依靠他人的投机心理,且通过监督获得的回报也相对较低,这降低了所有者监督的动力。同时,通过分组回归也发现,在国有企业中,管理层权力越大,对内部控制质量较为不利。而在非国有企业中,管理层权力对内部控制质量的影响并不明显。

(4)管理层权力与会计信息透明度呈负相关,即管理层权力越大,会计信息透明度越低,作为企业的决策者和领导者,会计信息质量会受到管理层权力强度大小的影响,管理层权力的增大意味着其对企业的控制权也在不断增大,管理层此时出于理性经济人的考虑则可能从事权力寻租的机会主义行为,其可能通过操纵会计信息披露影响会计信息质量来获取私利。股权集中度高的公司内部控制对于管理层权力对会计信息透明度负向影响的抑制作用更大。相对于非国有企业,在国有企业中,内部控制能够更好地抑制管理层权力对会计信息透明度的负向影响作用。

(5)管理层权力特征与公司成长性显著正相关,表明管理层拥有适当的权利会促进企业的成长。机构投资者与管理层权力的交乘项显著为正,这说明机构投资者在持有公司较高比例股份的情况下,有动机与能力参与到公司治理中,通过监督并影响管理者的权力的发挥,使管理者做出有利于企业发展的决策和行为,从而促进公司成长。在不同的生命周期,管理者的权力特征对成熟期公司的促进作用最大,其他阶段的影响不明显。通过对行业竞争度分组回归发现,管理层权力在弱竞争环境下作用较大。这说明在强竞争环境下,剧烈的竞争会使企业之间打价格战从而降低公司的预期利润,在这种情况下管理者要想达到股东的预期就需要付出更多的努力，这会降低管理者的经营效率和公司成长性。

7.2 政策建议

（1）完善企业的内部治理结构。企业的内部治理结构在一定程度上可以抑制管理层权力过大所带来的负面影响，因此，完善企业的内部治理，从制度建设上约束管理层的自利行为和机会主义。可以采取以下方式：第一，管理层权力过大的最根本的原因在于所有者"虚位"，加强董事会的规范运作建设，形成有效的所有者制衡机制。在董事会和管理层的职责划分中，应该明确各层级的责任，战略层、执行层以及业务层各负其责，协调运转。加大外部独立董事的参与企业经营战略决策的力度，在制度设计上增加部分表决条款避免内部董事的懈怠和不当影响，另外，也需建立一套对于外部董事的管理、激励以及绩效评价的相关政策。第二，对于管理层应合理赋予一定的权力，在执行层面上应该适度放权，让管理层发挥能动性及专业性，促进企业发展。但同时在执行层面也应有一定的制度安排限制其权力的实施，防止其滥用权力，加强内部审计的作用，将内部审计机构设置在治理层之下，赋予内部审计更多的权力，使其在权力的行使过程中不受他人或部门的限制，保证其独立客观性，加强其机构设置的效用，并将战略治理层的监督下放到日常业务的执行过程中。

（2）建立健全企业内部控制制度。企业内部控制的设立要遵循成本效益的原则，同时要兼顾全面性、重要性以及适用性原则。因此，在内部控制的设计上，要全面梳理企业的全流程，全风险点,合理设计控制点,认真检查关键控制点是否进行了控制,所有的控制目标是否已达到。要树立企业良好的控制环境,在企业中营造诚信、道德至上的企业文化,推行全面管理,提倡全员参与的理念,从精神层面来降低管理层自利的动机及风险。通过现代技术手段加强企业内部的信息沟通,优化信息传输,加强企业的内部信息安全及效率。加强内部监督,在内部控制制度自我评价的过程中,加强对企业内部会计控制的监督与评价,通过风险评估,重大错报可能涉及的报表项目及其认定来发现内部控制可能存在的薄弱环节,及时修正并做到改进,建立彼此牵制、彼此连接、彼此制约的内控制度。在企业内部注意分级授权,注重岗位分离的控制。

(3)积极引入机构投资者。在资本市场上,机构投资者是市场健康稳定的重要因素。纵观国外成熟的资本市场,投资者法人化、机构化是一大发展趋势。积极推进机构投资者参与到公司治理中去,对企业的生存发展有着积极的作用。研究发现,机构投资不仅仅可以在一定程度上抑制管理层权力的滥用,也能进一步完善企业的治理结构,促进企业的健康成长。加大机构投资者的参与,要做到以下几个方面:首先,要在制度建设上完善机构投资者参与企业内部治理的相关规章制度,明确机构投资者的职责,对履职行为和披露提出原则性要求。机构投资者积极履行股权权利,既是督促所投资公司完善公司治理、改善经营绩效、提高资产管理收益水平的需要,也是受托人的职责所在,机构投资者有义务、有责任积极履行股东权力、主动参与公司治理。完善我国的公司治理,充分发挥机构投资者的作用是一条有效的途径,建议进一步明确机构投资者行使股东权力的责任,强化履职和投票行为的监督。其次,完善机构投资者行使权力的制度建设与披露制度,有效防范利益冲突。当机构投资者参与到企业治理中，也需要对其进行监督，规范其履职行为，增加对其的信息披露。最后，在机构投资者参与混合所有制改革的过程中，对不同类型的机构投资者，针对不同类型的被投资企业，都要结合自身特点，针对性地制定切合实际情况的混合所有制方案，切实发挥机构投资者的积极作用。鼓励各类机构投资者通过并购和控股、参股等多种形式，参与企业改制重组。

7.3 本书研究的创新点

本书通过研究管理层权力对企业的影响效应，从企业内部治理的影响效应、企业信息透明度以及企业战略成长性来分析管理层权力的作用，对企业的影响。由内到外，由表及里，通过本书研究，可能存在如下方面的创新点：

（1）对于管理层权力对于企业内部控制的影响，目前直接基于两者的关系的研究比较少，很多都是将管理层权力或者内部控制质量作为调节变量来探讨其他经济现象，并且对两者的研究结果也存在观点不一致的问题。本书发现管理层权力过大对企业内部治理产生负面效应，将内部控制作为企业内部治理水平的代理变量，分析了管理层权力与内部控制质量的直接关系，拓展了管理层权力直接研究的领域。

（2）企业对外有会计信息披露职责，然而作为企业实际控制人的管理层可以通过其权力影响企业的会计信息披露。虽然已经有学者开始涉猎该领域的研究，也有部分学者将机构投资者引入其两者之间探讨管理层权力及会计信息透明度的关系，但作为企业对外的行为必定受到企业内部治理的影响，本书构建了管理层权力对内影响企业的内部治理结构，从而影响对外的信息披露的研究逻辑路线。

（3）以往的研究侧重于管理层权力对企业营利能力及绩效的研究，本书侧重于关注企业的成长性目标，并结合机构投资者因素，验证机构投资者是否能有效地施展其外部治理功能，促进管理者权力的积极影响。并且充分考虑了企业的生命周期和所在行业竞争强度，进一步分析管理层权力对公司成长性目标的影响，对管理层权力的作用有更深层次的认知。

7.4 研究的局限性与后续展望

7.4.1 研究的局限性

本章虽然在一定程度上丰富了管理层权力的相关研究，但也存在一些不足和局限，主要体现在以下方面：

（1）对于指标的选择有待进一步完善。对于管理层权力的衡量，目前学术界并没有达成统一的衡量标准。本书是借鉴了借鉴 Finkeistein（1992）和权小峰（2010）的研究思路，将企业管理层权力划分成了三个维度，利用主成分分析法合成综合变量反映管理层权力的大小。目前主成分分析方法得到认可，但关键因子指标的选择各不相同，本章所选取的指标具有一定的代表性，但也可能存在相关内部要素遗漏问题，并且还可能存在遗漏的外部影响因素。对于内部控制的衡量指标也比较单一，可以在稳健性上做更多的努力。

（2）对机构投资者的分类不够细化，只考虑了机构投资者的投资比例，而没对机构投资者进行深入的类别研究。对机构投资者进行相关研究时，可以考虑对机构投资者详细划分，研究投资机构的异质性、持股时间和动机对公司成长的作用，甚至可以考虑不同投资机构之间的关联性对公司的影响。

（3）本书沿着管理层权力——内部控制质量——会计信息透明度——企业成长性的影响路径来研究管理层权力的作用链条，来探究管理层权力会对企业产生的影响。而作为企业内部的实际控制人，管理层对企业的影响可能具体体现在某些经营决策中，例如投资、筹资等决策，而本书并没有涉及这部分内容。

7.4.2 未来的研究展望

对于管理层权力的研究最早开始与管理层薪酬的研究，目前拓展到管理层权力的经济后果分析，但从目前的研究来看，该研究比较零散，没有系统地展开。对于管理层权力的经济后果研究应该由整体到局部，或者通过对局部的分析研究后发现其内在逻辑性及关联性。本书对此进行了研究，但研究的深度有待进一步加强，这也是未来研究的方向。

另外，本书探讨了管理层权力对企业的内部治理的影响，选用了内部控制作为内部治理水平的代理变量，在这部分的分析中，可以做更加深入的分析。管理层权力的衡量指标有待进一步统一。另外，本书没有对适度的管理层权力做展开研究，后续研究，可以通过问卷调查等方式探讨管理层权力的影响因素。

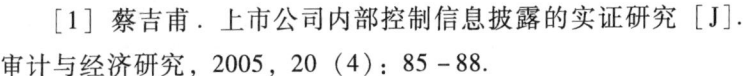

[1] 蔡吉甫. 上市公司内部控制信息披露的实证研究 [J]. 审计与经济研究, 2005, 20 (4): 85 - 88.

[2] 蔡敏, 徐辉. 股权性质、两权分离与企业过度投资行为 [J]. 河北科技大学学报 (社会科学版), 2011, 11 (1): 36 - 40.

[3] 曹丰, 鲁冰, 李争光等. 机构投资者降低了股价崩盘风险吗? [J]. 会计研究, 2015 (11): 55 - 61, 97.

[4] 陈红, 胡耀丹, 纳超洪. 党组织参与公司治理、管理者权力与薪酬差距 [J]. 山西财经大学学报, 2018, 40 (2): 84 - 97.

[5] 陈玲芳. 管理层权力对环境信息披露水平的影响研究 [J]. 财会通讯, 2016 (9): 56 - 58.

[6] 陈文哲, 郝项超, 石宁. 境外战略投资者对银行高管薪酬激励有效性的影响——基于我国商业银行数据的分析 [J].

金融研究,2014(12):117-132.

[7] 陈武朝. 在美上市公司内部控制重大缺陷认定、披露及对我国企业的借鉴[J]. 审计研究,2012(1):103-109.

[8] 陈霞,马连福. 公司治理水平、企业成长与企业价值的关系研究:内部控制视角[J]. 预测,2015,34(6):28-32,50.

[9] 陈晓红,李喜华,曹裕. 技术创新对中小企业成长的影响——基于我国中小企业板上市公司的实证分析[J]. 科学学与科学技术管理,2009,30(4):91-98.

[10] 陈震,汪静. 产品市场竞争、管理层权力与高管薪酬——规模敏感性[J]. 中南财经政法大学学报,2014(4):135-142,160.

[11] 崔伟,陆正飞. 董事会规模、独立性与会计信息透明度——来自中国资本市场的经验证据[J]. 南开管理评论,2008(2):22-27.

[12] 崔志娟,刘源. 上市公司内部控制报告的可靠性评价——基于2008—2010年沪市公司年报重述的分析[J]. 南开管理评论,2013,16(1):64-69.

[13] 代彬,彭程,郝颖. 国企高管控制权、审计监督与会计信息透明度[J]. 财经研究,2011,37(11):113-123.

[14] 董红晔,李小荣. 国有企业高管权力与过度投资[J]. 经济管理,2014,36(10):75-87.

[15] 董望,陈汉文. 内部控制、应计质量与盈余反应——基于中国2009年A股上市公司的经验证据[J]. 审计研究,2011(4):68-78.

[16] 杜玉鹏. 管理层权力对国有企业并购及其财务效应影响研究[D]. 天津大学,2010.

[17] 方红星，陈作华．高质量内部控制能有效应对特质风险和系统风险吗？[J]．会计研究，2015（4）：70-77，96．

[18] 方红星，金玉娜．高质量内部控制能抑制盈余管理吗？——基于自愿性内部控制鉴证报告的经验研究[J]．会计研究，2011（8）：53-60，96．

[19] 方军雄．高管权力与企业薪酬变动的非对称性[J]．经济研究，2011（4）：107-120．

[20] 傅颀，邓川．高管控制权、薪酬与盈余管理[J]．财经论丛（浙江财经大学学报），2013，173（4）：66-72．

[21] 傅颀，汪祥耀，路军．管理层权力、高管薪酬变动与公司并购行为分析[J]．会计研究，2014（11）：30-37．

[22] 干胜道，胡明霞．管理层权力、内部控制与过度投资——基于国有上市公司的证据[J]．审计与经济研究，2014，29（5）：40-47．

[23] 高丽．机构股东持股与积极治理效应——基于投资者关系管理调节效应与中介效应的检验[C]//中国管理现代化研究会．第六届（2011）中国管理学年会——公司治理分会场论文集．中国管理现代化研究会：中国管理现代化研究会，2011：11．

[24] 葛家澍．定义"高质量"与"透明度"的紧迫性[J]．会计之友，2010（11）：8-11．

[25] 郭军，赵息．董事会治理、高管权力与内部控制缺陷[J]．软科学，2015，29（4）：43-47．

[26] 郭蕊．企业可持续发展能力的五维度模型[J]．科技进步与对策，2006（2）：149-152．

[27] 何帅．媒体监督、管理层权力与企业信息透明度[J]．财会通讯，2016（33）．

[28] 何威风, 刘启亮. 我国上市公司高管背景特征与财务重述行为研究 [J]. 管理世界, 2010 (7): 144-155.

[29] 胡明霞, 干胜道, 鲁昱. 产权制度、管理层权力与内部控制 [J]. 重庆大学学报（社会科学版）, 2015, 21 (3): 67-80.

[30] 胡明霞, 干胜道. 管理层权力、内部控制与高管腐败 [J]. 中南财经政法大学学报, 2015, 210 (3): 87-93.

[31] 黄荷暑, 周泽将. 社会责任信息自愿披露、CEO 权力与会计盈余质量——基于倾向得分匹配法（PSM）的分析 [J]. 北京工商大学学报（社会科学版）, 2017, 32 (3): 65-75.

[32] 黄娟, 张配配. 管理层权力、内部控制信息披露质量与企业绩效 [J]. 南京审计学院学报, 2017, 14 (2): 1-10.

[33] 黄启新. 管理层权力、机构投资者异质性与资本配置效率 [J]. 现代财经（天津财经大学学报）, 2017, 37 (1): 78-89.

[34] 黄昕, 李常洪, 薛艳梅. 高管团队知识结构特征与企业成长性关系——基于中小企业板块上市公司的实证研究 [J]. 经济问题, 2010 (2): 89-94.

[35] 吉利, 张丽, 田静. 我国上市公司社会责任信息披露可读性研究——基于管理层权力与约束机制的视角 [J]. 会计与经济研究, 2016 (1): 21-33.

[36] 姜付秀, 伊志宏, 苏飞等. 管理者背景特征与企业过度投资行为 [J]. 管理世界, 2009 (1): 130-139.

[37] 蒋尧明, 章丽萍. 中小企业高层管理者特征与企业可持续增长——基于管理防御理论的分析 [J]. 经济评论, 2012 (5): 69-77.

[38] 康萍, 徐翩翩. 会计信息透明度与内部控制的关系

[J]. 财会月刊, 2016 (6): 3 - 7.

[39] 黎文靖, 卢锐. 管理层权力与会计信息质量——来自中国证券市场的经验证据 [J]. 山西财经大学学报, 2007, 29 (8): 108 - 115.

[40] 李百兴, 李瑞敬. 内部控制缺陷披露、财务报告质量与市场反应 [J]. 财会月刊, 2016 (8).

[41] 李常青, 管连云. 股权结构与盈余管理关系的实证研究 [J]. 商业研究, 2004 (19): 48 - 53.

[42] 李海霞. CEO权力、风险承担与公司成长性——基于我国上市公司的实证研究 [J]. 管理评论, 2017, 29 (10): 198 - 210.

[43] 李敏. 权力制衡、内部控制与盈余管理 [J]. 财会通讯, 2017 (36): 94 - 98.

[44] 李明辉, 张艳. 上市公司内部控制审计若干问题之探讨——兼论我国内部控制鉴证指引的制定 [J]. 审计与经济研究, 2010, 25 (2): 38 - 47.

[45] 李瑞芬, 陶萍, 彭文强. 公司治理对内部控制缺陷披露影响实证研究 [J]. 财会研究, 2015 (7): 23 - 26.

[46] 李万福, 林斌, 刘春丽. 内部控制缺陷异质性如何影响财务报告?——基于中国情境的经验证据 [J]. 财经研究, 2014, 40 (6): 71 - 82.

[47] 李万福, 林斌, 宋璐. 内部控制在公司投资中的角色: 效率促进还是抑制? [J]. 管理世界, 2011 (2): 81 - 99.

[48] 李维安, 李滨. 机构投资者介入公司治理效果的实证研究——基于CCGI~(NK)的经验研究 [J]. 南开管理评论, 2008 (1): 4 - 14.

[49] 李文鹅, 李涛. 企业内控缺陷识别影响因素的因子分

析［J］．中国集体经济，2016（9）：58-60．

［50］李晓慧，杨坤．媒体关注、审计意见与会计信息透明度研究［J］．中央财经大学学报，2015（10）：52-60．

［51］李晓慧，张明祥，李哲．管理层自利与企业内部控制缺陷模仿披露关系研究——基于制度理论分析［J］．审计研究，2019（2）：64-72．

［52］李瑛玫，楚有为，杨忠海．公司内外部因素对内控缺陷识别和披露两阶段的影响有差异吗［J］．财会月刊，2015（6）：8-13．

［53］李映照，李晓梦．高管权力、董秘信息权与信息披露质量［J］．财会月刊，2017（2）：3-9．

［54］李宇立．内部控制缺陷识别与认定的技术路线——基于管理层视角的分析［J］．中南财经政法大学学报，2012（3）：114-120．

［55］李越冬，严青．机构持股、终极产权与内部控制缺陷［J］．会计研究，2017（5）：83-89．

［56］李争光，赵西卜，曹丰等．机构投资者异质性、会计稳健性与投资效率——来自中国上市公司的经验证据［J］．当代财经，2015（2）：106-117，130．

［57］梁娜，姚长青，高影繁等．政府补助对企业研发投入与企业成长性的影响［J］．中国科技资源导刊，2018，50（6）：16-22，47．

［58］林斌，饶静．上市公司为什么自愿披露内部控制鉴证报告？——基于信号传递理论的实证研究［J］．会计研究，2009（2）：45-52．

［59］林斌，周美华，舒伟．内部控制、公司诉讼与债务契约——基于A股市场的经验研究［J］．审计与经济研究，2015，

30（3）：3－11.

［60］刘桂春，叶陈刚，肖剑萍．审计任期对内部控制缺陷披露影响的实证研究［J］．商业会计，2015（1）：39－41.

［61］刘辉．行业吸引力与上市公司成长性：基于二维成长模型的分析［J］．商业研究，2015（7）：158－163.

［62］刘锦，王学军，张三保等．CEO非正式权力、正式权力与企业绩效——来自中国民营上市公司的证据［J］．管理评论，2015，27（11）：161－169.

［63］刘剑民，张莉莉，杨晓璇．政府补助、管理层权力与国有企业高管超额薪酬［J］．会计研究，2019（8）：64－70.

［64］刘启亮，罗乐，张雅曼，陈汉文．高管集权、内部控制与会计信息质量［J］．南开管理评论，2013，16（1）：15－23.

［65］刘星，代彬，郝颖．高管权力与公司治理效率——基于国有上市公司高管变更的视角［J］．管理工程学报，2012，26（1）：1－12.

［66］刘星，徐光伟．政府管制、管理层权力与国企高管薪酬刚性［J］．经济科学，2012（1）：86－102.

［67］刘亚莉，马晓燕，胡志颖．上市公司内部控制缺陷的披露：基于治理特征的研究［J］．审计与经济研究，2011，26（3）：35－43.

［68］刘妍．债权人约束、管理层权力与会计信息透明度［J］．财会通讯，2017（33）：28－33.

［69］刘焱，姚海鑫．高管权力、审计委员会专业性与内部控制缺陷［J］．南开管理评论，2014，17（2）：4－12.

［70］刘玉廷．全面提升企业经营管理水平的重要举措——《企业内部控制配套指引》解读［J］．会计研究，2010（5）：3－16.

［71］卢锐，柳建华，许宁．内部控制、产权与高管薪酬业绩敏感性［J］．会计研究，2011（10）：42－48．

［72］卢锐，魏明海，黎文靖．管理层权力、在职消费与产权效率——来自中国上市公司的证据［J］．南开管理评论，2008，11（5）：85－92．

［73］鲁海帆．财务困境中CEO权力、高管层薪酬差距与公司业绩［J］．财贸研究，2012，23（3）：116－124．

［74］陆瑶，李茶．CEO对董事会的影响力与上市公司违规犯罪［J］．金融研究，2016（1）：176－191．

［75］逯东，付鹏，杨丹．媒体类型、媒体关注与上市公司内部控制质量［J］．会计研究，2015（4）：78－85，96．

［76］吕长江，金超，陈英．财务杠杆对公司成长性影响的实证研究［J］．财经问题研究，2006（2）：80－85．

［77］马晨，张俊瑞．管理层持股、领导权结构与财务重述［J］．南开管理评论，2012，15（2）：143－150，160．

［78］马红，王元月．融资约束、政府补贴和公司成长性——基于我国战略性新兴产业的实证研究［J］．中国管理科学，2015，23（S1）：630－636．

［79］毛梅，赵建梅．管理层权力与管理者激励的研究：一个文献综述［J］．会计之友，2016（22）：18－23．

［80］宁日．管理层权力与内控缺陷披露［D］．［硕士学位论文］．中南财经政法大学，2018．

［81］彭中文，张双杰，韩茹．高管团队特征、创新机会识别与高科技企业成长［J］．华东经济管理，2018，32（9）：173－177．

［82］齐鲁光，韩传模．机构投资者持股、高管权力与现金分红研究［J］．中央财经大学学报，2015（4）：52－57．

[83] 钱锡红, 叶广锋. 风险投资对我国高新技术企业成长的研究: 治理结构的视角 [J]. 科技和产业, 2019, 19 (7): 72-79.

[84] 邱昱芳, 贾宁, 吴少凡. 财务负责人的专业能力影响公司的会计信息质量吗？——基于中国上市公司财务负责人专项调查的实证研究 [J]. 会计研究, 2011 (4): 61-67.

[85] 权小锋, 吴世农, 文芳. 管理层权力、私有收益与薪酬操纵 [J]. 经济研究, 2010, 45 (11): 73-87.

[86] 权小锋, 吴世农. CEO 权力强度、信息披露质量与公司业绩的波动性——基于深交所上市公司的实证研究 [J]. 南开管理评论, 2010, 13 (4): 142-153.

[87] 沈华玉, 郭晓冬, 吴晓晖. 会计稳健性、信息透明度与股价同步性 [J]. 山西财经大学学报, 2017, 39 (12): 114-124.

[88] 盛明泉, 车鑫. 管理层权力、高管薪酬与公司绩效 [J]. 中央财经大学学报, 2016 (5): 97-104.

[89] 孙光国, 杨金凤. 高质量的内部控制能提高会计信息透明度吗？[J]. 财经问题研究, 2013 (7): 77-86.

[90] 孙艳芹, 郭志碧. 管理层权力、会计信息质量与投资效率 [J]. 财会通讯, 2016 (30): 23-27.

[91] 谭庆美, 景孟颖. 管理层权力对企业绩效的影响研究——基于企业内部治理机制视角 [J]. 财经理论与实践, 2014, 35 (1): 63-69.

[92] 谭庆美, 魏东一. 管理层权力与企业价值: 基于产品市场竞争的视角 [J]. 管理科学, 2014, 27 (3): 1-13.

[93] 唐国平, 谢建, 肖翰. 管理层能力与企业现金持有 [J]. 会计论坛, 2014, 13 (2): 3-20.

[94] 王克敏, 王志超. 高管控制权、报酬与盈余管理——基于中国上市公司的实证研究 [J]. 管理世界, 2007 (7): 111 - 119.

[95] 王茂林, 何玉润, 林慧婷. 管理层权力、现金股利与企业投资效率 [J]. 南开管理评论, 2014, 17 (2): 13 - 22.

[96] 王铁媛. 管理层权力、自由现金流与投资效率 [J]. 财会通讯, 2016 (9): 52 - 55.

[97] 王维, 李娜, 薛程月等. CEO自恋对企业成长的作用机制研究——双元创新的中介效应 [J]. 科技进步与对策, 2018, 35 (23): 113 - 120.

[98] 王雄元, 何捷, 彭旋等. 权力型国有企业高管支付了更高的职工薪酬吗？[J]. 会计研究, 2014 (1): 49 - 56.

[99] 王烨, 叶玲, 盛明泉. 管理层权力、机会主义动机与股权激励计划设计 [J]. 会计研究, 2012 (10): 35 - 41.

[100] 王艺霖, 王爱群. 内控缺陷披露、内控审计对权益资本成本的影响——来自沪市A股上市公司的经验证据 [J]. 宏观经济研究, 2014 (2): 123 - 130.

[101] 王艺霖, 王爱群. 内控缺陷披露、内控审计与债务资本成本——来自沪市A股上市公司的经验证据 [J]. 中国软科学, 2014 (2): 150 - 160.

[102] 魏志华, 李常青, 曾爱民, 陈维欢. 关联交易、管理层权力与公司违规——兼论审计监督的治理作用 [J]. 审计研究, 2017 (5): 87 - 95.

[103] 肖丕楚, 张成君. CEO权责配置与公司治理结构优化 [J]. 经济与管理, 2003 (4): 35 - 36, 40.

[104] 谢盛纹, 叶王春子. CEO权力、环境不确定性与盈余管理 [J]. 会计与经济研究, 2014, 28 (3): 21 - 36.

[105] 徐细雄,刘星. 放权改革、薪酬管制与企业高管腐败 [J]. 管理世界, 2013 (3): 119 – 132.

[106] 许宁宁. 管理层能力与内部控制——来自中国上市公司的经验证据 [J]. 审计研究, 2017 (2): 80 – 88.

[107] 杨程程,程小可,王芯卉. 内部控制缺陷披露制度有效性及其影响因素 [J]. 经济与管理研究, 2015 (10): 138 – 144.

[108] 杨汉明,赵鑫露. 管理层能力、现金股利与绩效反应 [J]. 财经理论与实践, 2019, 40 (3): 74 – 80.

[109] 杨旭东,彭晨宸,姚爱琳. 管理层能力、内部控制与企业可持续发展 [J]. 审计研究, 2018 (3): 121 – 128.

[110] 杨有红,陈凌云. 2007 年沪市公司内部控制自我评价研究——数据分析与政策建议 [J]. 会计研究, 2009 (6): 58 – 64.

[111] 姚立杰,周颖. 管理层能力、创新水平与创新效率 [J]. 会计研究, 2018 (6): 70 – 77.

[112] 伊志宏,李艳丽. 机构投资者的公司治理角色: 一个文献综述 [J]. 管理评论, 2013, 25 (5): 60 – 71.

[113] 张敦力,张婷. 管理层权力与或有事项信息披露——基于环境不确定性的调节效应研究 [J]. 审计与经济研究, 2018, 33 (2): 60 – 68.

[114] 张琳. 管理层权力与企业技术创新的相关性分析——兼论机构投资者异质性的调节效应 [J]. 财会通讯, 2018 (27): 76 – 81.

[115] 张维迎. 产权安排与企业内部的权力斗争 [J]. 经济研究, 2000 (6): 41 – 50, 78.

[116] 张祥建,徐晋,徐龙炳. 高管精英治理模式能够提

升企业绩效吗？——基于社会连带关系调节效应的研究［J］. 经济研究, 2015（3）：100-114.

［117］赵息, 许宁宁. 管理层权力、机会主义动机与内部控制缺陷信息披露［J］. 审计研究, 2013（4）：101-109.

［118］赵袁军, 许桂苹, 刘正凯等. 公司治理对国有和非国有企业效率的影响研究——基于2012—2015年我国制造业上市公司数据［J］. 工业技术经济, 2017, 36（7）：114-120.

［119］邹霄翰. 管理层权力、内部控制质量与会计信息透明度［D］. 中南财经政法大学, 2019.

［120］周美华, 林斌, 林东杰. 管理层权力、内部控制与腐败治理［J］. 会计研究, 2016（3）：56-63, 96.

［121］Abernethy M A, Kuang Y F, Qin B. The Influence of CEO Power on Compensation Contract Design［J］. Accounting Review, 2015, 90（4）：1265-1306.

［122］Adams R., & Ferrerira D. A Theory of Friendly Boards［J］. Journal of Finance, 2007（62）：217-250.

［123］Alex, Coad. Testing the principle of "growth of the fitter": The relationship between profits and firm growth［J］. Structural Change and Economic Dynamics, 2007（18）：370-386.

［124］Ali A, Zhang W. CEO tenure and earnings management［J］. Journal of Accounting & Economics, 2015, 59（1）：60-79.

［125］Amason A. C., R. C Shrader, G. H Tompson. Top Management Team, International Risk Management Factor and Firm Performance［J］. Journal of Business Venturing, 2006（21）：125-148.

［126］Ashbaugh - Skaife H, Collins D W, Jr W R K. The discovery and reporting of internal control deficiencies prior to SOX – mandated audits [J]. Journal of Accounting & Economics, 2007, 44 (1-2): 166-192.

[127] Ashbaugh – Skaife H, Collins D W, Kinney W R, et al. The Effect of SOX Internal Control Deficiencies and Their Remediation on Accrual Quality [J]. Social Science Electronic Publishing, 2008, 83 (1): 217-250.

[128] Bantel, A. Karen, and S. E. Jackson. "Top management and innovations in banking: does the composition of the top team make a difference?". Strategic management journal, 1989, 10 (S1): 107-124.

[129] Bao D, Fung S Y K, Su L. Can Shareholders Be at Rest after Adopting Clawback Provisions? Evidence from Stock Price Crash Risk [J]. Contemporary Accounting Research, 2017 (2).

[130] Bebchuk L, Fried J, Walker D. Managerial Power and Rent Extractionin Design of Executive Compensation [J]. Chicago Law Review, 2002 (69): 751-846.

[131] Bebchuk L A, Fried J M. Executive Compensation as an Agency Problem [J]. Journal of Economic Perspectives, 2003, 17 (3): 71-92.

[132] Becker B, Bergstresser D, Subramanian G. Does Shareholder Proxy Access Improve Firm Value? Evidence from the Business Roundtable's Challenge [J]. Social Science Electronic Publishing, 2013, 56 (1): 127-160.

[133] Bergstresser D, Philippon T. CEO incentives and earnings management [J]. Journal of Financial Economics, 2006, 80 (3): 511-529.

[134] Berle A A, Means G C, Weidenbaum M L, et al. The modern corporation and private property [J]. Economic Journal, 1932, 20 (6): 119-129.

[135] Bertrand, Marianne, and A. Schoar. "Managing with style: The effect of managers on firm policies". The Quarterly journal of economics, 2003, 118 (4): 1169-1208.

[136] Boardman A E, Vining A R. Ownership and Performance in Competitive Environments: A Comparison of the Performance of Private, Mixed, and State-Owned Enterprises [J]. Journal of Law & Economics, 1989, 32 (1): 1-33.

[137] Camelo-Ordaz, Carmen, A. B. Hernández-Lara et al. "The relationship between top management teams and innovative capacity in companies". Journal of Management Development, 2005, 24 (8): 683-705.

[138] Chemmanur, J. Thomas, I. Paeglis et al. "Management quality and equity issue characteristics: a comparison of SEOs and IPOs". Financial Management, 2010, 39 (4): 1601-1642.

[139] Chen S, Sun Z, Tang S, et al. Government intervention and investment efficiency: Evidence from China [J]. Journal of Corporate Finance, 2011, 17 (2): 259-271.

[140] Cheng E C M, Courtenay S M. Board composition, regulatory regime and voluntary disclosure [J]. International Journal of Accounting, 2006, 41 (3): 262-289.

[141] Chung K H, Pruitt S W. Executive ownership, corporate value, and executive compensation: A unifying framework [J]. Journal of Banking & Finance, 1996, 20 (7): 0-1159.

[142] Colombelli, Alessandra. Top management team character-

istics and firm growth: Evidence from a sample of listed companies [J]. International Journal of Entrepreneurial Behavior & Research, 21.1 (2015): 107-127.

[143] Davis, H. James, F. D. Schoorman et al. Davis, Schoorman, and Donaldson reply: The distinctiveness of agency theory and stewardship theory. 1997: 611-613.

[144] Demerjian P. , B. Lev, S. McVay. Quantifying managerial ability: A new measure and validity tests [J]. Management science, 2012, 58 (7): 1229-1248.

[145] Donelson DC, Ege M, Mcinnis J M. Internal Control Weaknesses and Financial Reporting Fraud [J]. Social Science Electronic Publishing, 2017.

[146] Eisenhardt, M. Kathleen, and C. B. Schoonhoven. "Organizational growth: Linking founding team, strategy, environment, and growth among US semiconductor ventures, 1978-1988". Administrative science quarterly, 1990: 504-529.

[147] Eugene F. Fama, Micheal C. Jensen. Separation of Ownership and Control [J]. Journal of Law and Economics, 1983, 26 (2): 301-325.

[148] Finkelstein S. Power in top management teams: Dimensions, measurement, and validation [J]. Academy of Management journal, 1992, 35 (3): 505-538.

[149] Galema R, Lensink R, Mersland R. Do Powerful CEOs Determine Microfinance Performance? [J]. Journal of Management Studies, 2012, 49 (4): 718-742.

[150] Gaver D. L. . New Firm Growth and Financial Structure [J]. International Business Review, 1993 (6): 346-359.

[151] Ge W, Mcvay S. The Disclosure of Material Weaknesses in Internal Control after the Sarbanes – Oxley Act [J]. Social Science Electronic Publishing, 2005, 19 (3): 6439 – 52.

[152] Ghosh B. C., W. L. Tan, TeckMeng et al. The key success factors, distinctive capabilities, and strategic thrusts of top SMEs in Singapore [J]. Journal of Business Research, 2001 (51).

[153] Hambrick D C, Mason P A. Upper Echelons: The Organization as a Reflection of Its Top Managers [J]. Social Science Electronic Publishing, 1984, 9 (2): 193 – 206.

[154] Han S, Nanda V K, Silveri S D. CEO Power and Firm Performance under Pressure [J]. Financial Management, 2016, 45 (2): 369 – 400.

[155] Hart, E. Peter, and N. Oulton. Growth and size of firms [J]. The Economic Journal, 1996 (9): 1242 – 1252.

[156] Healy P M, Palepu K G. Information asymmetry, corporate disclosure, and the capital markets: A review of the empirical disclosure literature [J]. Journal of Accounting & Economics, 2001, 31 (1 – 3): 405 – 440.

[157] Hu A, Kumar P. Managerial Entrenchment and Payout Policy [J]. Journal of Financial and Quantitative Analysis, 2004, 39 (4): 759 – 790.

[158] Ji X, Lu W, Qu W. Voluntary disclosure of internal control weakness and earnings quality: evidence from China [J]. International Journal of Accounting, 2017, 52 (1): 27 – 44.

[159] Johnson M F, Kasznik R, Nelson K K. Shareholder Wealth Effects of the Private Securities Litigation Reform Act of 1995 [J]. Review of Accounting Studies, 2000, 5 (3): 217 – 233.

[160] Khanna V S, Kim E H, Lu Y. CEO Connectedness and Corporate Frauds [C], 2012: 1203 - 1252.

[161] Kim E H, Lu Y. Is Chief Executive Officer Power Bad? [J]. Asia - Pacific Journal of Financial Studies, 2011, 40 (4): 495 - 516.

[162] Klein M. Accounting rulemakers form working group on convergence [J]. Accounting Today, 2002 (October).

[163] Krishnan G V, Visvanathan G. Reporting Internal Control Deficiencies in the Post - Sarbanes - Oxley Era: The Role of Auditors and Corporate Governance [J]. International Journal of Auditing, 2007, 11 (2): 73 - 90.

[164] Lambert R A, Larcker D F, Weigelt K. The Structure of Organizational Incentives [J]. Administrative Science Quarterly, 1993, 38 (3): 438 - 461.

[165] Lin Y C, Wang Y C, Chiou J R, et al. CEO Characteristics and Internal Control Quality [J]. Corporate Governance An International Review, 2013, 22 (1): 24 - 42.

[166] Lisic L L, Neal T L, Zhang I X, et al. CEO Power, Internal Control Quality, and Audit Committee Effectiveness in Substance Versus in Form [J]. Contemporary Accounting Research, 2016, 33 (3): 1199 - 1237.

[167] McConnell J. J., H. Servaes. Additional evidence on equity ownership and corporate value [J]. Journal of Financial economics, 1990, 27 (2): 595 - 612.

[168] Mcmullen D A, Raghunandan K, Rama D V. Internal control reports and financial reporting problems [J]. Accounting Horizons, 1996, 10 (4): 67 - 75.

[169] Mitra S. , W. M. Cready. Institutional stock ownership, accrual management, and information environment [J]. Journal of Accounting, Auditing & Finance, 2005, 20 (3): 257 -286.

[170] Murphy, Kevin, K. V. Nuys. State Pension Funds and Shareholder Inactivism [R]. NBER Working Paper, No. 5436, 1994.

[171] Nalebuff B. J. , J. E. Stiglitz. Prizes and incentives: towards a general theory of compensation and competition [J]. The Bell Journal of Economics, 1983: 21 -43.

[172] Pammolli F. , G. Bottazzi, G. Dosi et al. . Innovation and corporate growth in the evolution of the drug industry [J]. International Journal of Industrial Organization, 2001, 19 (7): 1161 - 1187.

[173] Porta R L, Lopez - De - Silanes F, Shleifer A. Corporate Ownership Around the World [J]. The Journal of Finance, 1999, 54 (2): 471 -517.

[174] Rice S C, Weber D P. How Effective Is Internal Control Reporting under SOX 404? Determinants of the Non - Disclosure of Existing Material [J]. Journal of Accounting Research, 2012, 50 (3): 811 -843.

[175] Rose J M, Norman C S, Rose A M. Perceptions of Investment Risk Associated with Material Control Weakness Pervasiveness and Disclosure Detail [J]. Accounting Review, 2010, 85 (5): 1787 -1807.

[176] ScharfsteinD. Product - market competition and managerial slack [J]. The RAND Journal of Economics, 1988: 147 -155.

[177] Solvay J. , M. Sanglier. A model of the growth of corpo-

rate productivity [J]. International Business Review, 1998 (7).

[178] Song, W. -L., & Wan, K. -M. Does CEO compensation reflect managerial ability or managerial power? Evidence from the compensation of powerful CEOs. Journal of Corporate Finance, 2019 (56): 1-14.

[179] Tipgos M A. Why Management Fraud is Unstoppable [J]. CPA Journal, 2002 (Dec).